Tim Haasler

Praxisorientierte Unternehmensbewertung

Eine Betrachtung am Beispiel Airbnb Inc.
unter besonderer Berücksichtigung der Szenariotechnik

Haasler, Tim: Praxisorientierte Unternehmensbewertung. Eine Betrachtung am Beispiel Airbnb Inc. unter besonderer Berücksichtigung der Szenariotechnik, Hamburg, Igel Verlag RWS 2021

Buch-ISBN: 978-3-95485-373-1
PDF-eBook-ISBN: 978-3-95485-873-6
Druck/Herstellung: Igel Verlag RWS, Hamburg, 2021

Bibliografische Information der Deutschen Nationalbibliothek:
Die Deutsche Nationalbibliothek verzeichnet diese Publikation in der Deutschen Nationalbibliografie; detaillierte bibliografische Daten sind im Internet über http://dnb.d-nb.de abrufbar.

© Igel Verlag RWS, Imprint der Bedey & Thoms Media GmbH
Hermannstal 119k, 22119 Hamburg
http://www.diplomica.de, Hamburg 2021
Printed in Germany

Inhalt

Abbildungsverzeichnis

Formelzeichenverzeichnis

t	Betrachtungsperiode
r	Allgemeiner Diskontierungsfaktor
CF	Cashflow
GK_{MW}	Gesamtkapital zum Marktwert bzw. Gesamtkapitalwert
FCF	Freier Cashflow
WACC	Gewogener durchschnittlicher Kapitalkostensatz
T	Endperiode der Detailplanungsphase
RW_{FCF}	Restwert auf Basis der nachhaltig erzielbaren freien Cashflows
G_{FCF}	Wachstumsrate der freien Cashflows
Capex	Investitionen in das Sachanlagevermögen
ΔWC	(Des-)Investitionen in das Working Capital
Dep	Abschreibungen und Amortisationen
EBIT	Betriebsergebnis
τ	Grenzsteuersatz
SAV	Sachanlagevermögen
Cash	Kassenbestand
R	Umsatz
M	EBIT-Marge
I	Reinvestitionen
STC	Sales-to-Capital-Ratio
IK	Investiertes Kapital im Unternehmen
GK_{MW}	Gesamtkapital zum Marktwert
r_{EK}	Renditeforderung der Eigentümer
EK_{MW}	Eigenkapital zum Marktwert
FK_{MW}	Fremdkapital zum Marktwert
r_{FK}	Fremdkapitalkostensatz
KWACC	Kumulativer gewogener durchschnittlicher Kapitalkostensatz
r_f	Risikoloser Zinssatz

β	Betafaktor
r_m	Marktrisikoprämie
r_p	Rendite des Marktportefeuille
r_i	Rendite des Wertpapiers
β_l	Levered Beta
$\dfrac{FK_{MW}}{EK_{MW}}$	Verschuldungsgrad zu Marktwerten
β_u	Unlevered Beta
DS	Default Spread bzw. Risikoprämie
ZDG	Zinsdeckungsgrad
i	Zinsaufwendungen
m	Durchschnittliche Laufzeit der Fremdkapitalpositionen
FK_{BW}	Summe der zinstragenden Fremdkapitalpositionen zum Buchwert
$WACC_{RW}$	Gewogener durchschnittlicher Kapitalkostensatz in der Reifephase
G_{RW}	Konstante Wachstumsrate der Cashflows in der Reifephase
SV	Shareholder Value
PR_{MW}	Pensionsrückstellungen zum Marktwert
NOV_{MW}	Nicht operative Vermögensgegenstände zum Marktwert
MB_{MW}	Saldo aus den Marktwerten von Minderheitsbeteiligungen
MO_{MW}	Mitarbeiteroptionen zum Marktwert
PV_{MW}	Potenzielle Verbindlichkeiten zum Marktwert
GBW	Gesamtbuchungswert

Abkürzungsverzeichnis

ROI	Return on Investment
DCF	Discounted Cashflow
FCF	Free Cashflow
TCF	Total Cashflow
APV	Adjusted Present Value
FTE	Flow to Equity
WACC	Weighted Average Cost of Capital
M&A	Mergers & Acquisitions
EBIT	Betriebsergebnis
GuV	Gewinn- und Verlustrechnung
CAPM	Capital Asset Pricing Model
IDW	Instituts der Wirtschaftsprüfer
FAUB	Fachausschuss für Unternehmensbewertung und Betriebswirtschaft
BIP	Bruttoinlandsprodukt
KPI	Key-Performance-Indicator
Q	Quartal
SAM	Serviceable Addressable Market

1   Einleitung

1.1   Problemstellung und Zielsetzung

Aswath Damodaran, Professor für Unternehmensbewertung an der New York University, beschreibt die Herleitung eines Unternehmenswertes wie folgt:

> *"[...] the intrinsic value of an asset can be written as the present value of expected cash flows over its life, discounted to reflect both the time value of money and the riskiness of the cash flows."*[1]

Damit beschreibt Aswath Damodaran das Discounted Cashflow Verfahren und erwähnt im gleichen Zug die zwei Kernelemente und Probleme des Verfahrens. Ein für die Unternehmung angebrachter Diskontierungsfaktor und die zukünftigen Cashflows sind zu bestimmen, um den Unternehmenswert zu ermitteln. Um die beiden Kernfaktoren festzulegen müssen Annahmen getroffen werden, die anhand der Erwartungen des Bewerters abgeleitet werden. Erwartungen beinhalten zwangsweise subjektive Annahmen und stellen das Kernproblem einer zukunftsorientierten Bewertung dar.[2] Die Subjektivität in den getroffenen Erwartungen wird in Abbildung 1 verdeutlicht. Die Abbildung zeigt die von unterschiedlichen Finanzanalysten ermittelten Aktienwerte für das Unternehmen Airbnb Inc. im Zeitraum 05.01.2021 – 22.02.2021.

Airbnb Inc. Analystenratings, 05.01.2021 – 22.02.2021		
Datum	Finanzanalyst	Wert pro Aktie
09.02.2021	HSBC	220 USD
19.01.2021	Redburn	74 USD
15.01.2021	Truist Securities	154 USD
05.01.2021	Citi	165 USD
05.01.2021	Atlantic Equities	120 USD

Abbildung 1: Analystenerwartungen Airbnb Inc.[3]

---

[1] Vgl. Damodaran, Aswath: The Dark Side Of Valuation. Valuing Young, Distressed, And Complex Businesses, 3. Auflage, New York, 2018, S. 2

[2] Vgl. Becker, Andreas/Fischer, Patrick: Die Unternehmensbewertung von KMU – kritische Bemerkungen zur Anwendbarkeit des IDW S 1, in: Nils Crasselt et al. (Hrsg.), Handbuch kapitalmarktorientierte Unternehmensbewertung: Grundlagen, Methoden, Regulierung und Branchentrends, Stuttgart, 2018, S. 214

[3] Vgl. Streetinsider: Analyst Ratings for Airbnb Inc. (ABNB), in: Streetinsider, [online] https://www.streetinsider.com/rating_history.php?q=ABNB [18.02.2021]

Es wurde bereits empirisch nachgewiesen, dass die Fehlerquoten bei professionellen Finanzanalysten über einen Zeitraum von 12 Monaten zwischen 43 und 47% liegen und der Prognosefehler über einen Zeitraum von 24 Monaten bei über 93% liegt.[4]

Daher wird in der vorliegenden Arbeit untersucht, inwiefern sich unterschiedliche Parameter in einer Discounted Cashflow Bewertung auf den ermittelten Unternehmenswert auswirken können. Dabei liegt der Fokus auf der Anwendung der Szenariotechnik an einem konkreten Beispiel, um die Auswirkungen unterschiedlicher Verschuldungsgrade und Marktanteile auf den Unternehmenswert transparent darzustellen.

1.2 Methodisches Vorgehen

Zu Beginn werden in Kapitel 2 die theoretischen Grundlagen zum Discounted Cashflow Verfahren vermittelt. Dabei wird auf die einzelnen Variablen, die einer Unternehmensbewertung nach dem Free Cashflow Verfahren zugrunde liegen, ausführlich eingegangen. Außerdem werden verschiedene Ansätze zur Bestimmung der Variablen vorgestellt. Das Kapitel 3 vermittelt die Grundlagen der Szenariotechnik und stellt diese als intuitives Prognoseverfahren in der Unternehmensbewertung vor. Dabei wird auf die Methodik und den Ablauf bei der Gestaltung von Szenarien eingegangen.

Aufbauend auf den Grundlagen der theoretischen Modelle, wird in Kapitel 4 eine Unternehmensbewertung von Airbnb Inc. vorgenommen. Neben der finanziellen Situation und der Historie des Unternehmens wird eine SWOT-Analyse durchgeführt. Die Szenariotechnik wird im Anwendungsbeispiel dazu eingesetzt, verschiedene Verläufe und die möglichen Auswirkungen der COVID-19 Pandemie auf den zukünftigen Marktanteil und Verschuldungsgrad aufzuzeigen. Im letzten Abschnitt erfolgt eine Schlussbetrachtung der Ergebnisse des Praxistransfers.

---

[4] Vgl. Hasler, Peter Thilo: Quintessenz der Unternehmensbewertung. Was Sie als Investor und Entscheider wissen müssen, Heidelberg, 2013, S. 32

2 Discounted Cashflow Verfahren

2.1 Einführung

Das Discounted Cashflow Verfahren (DCF-Verfahren) stellt den international anerkannten Standard in der Unternehmensbewertung dar.[5] Peter Thilo Hasler beschreibt das breite Anwendungsspektrum des Verfahrens wie folgt:

> *„Anhand von DCF-Modellen können große Unternehmen ebenso bewertet werden wie kleine, profitable ebenso wie (über einen gewissen Zeitraum) unprofitable, schnell wachsende ebenso wie reife Unternehmen."*[6]

Insbesondere durch die Praxis der Investmentbanken wird das Verfahren als die einzig richtige Art der Ermittlung des Unternehmenswerts angesehen. Des Weiteren entspricht das Bewertungsverfahren dem Bewertungsstandard IDW S 1 i. d. F. 2008 für Wirtschaftsprüfer in Deutschland. Im Folgenden wird daher ausführlich auf das Grundprinzip des Verfahrens und die zugehörigen Varianten eingegangen.[7]

Das Grundprinzip besteht darin, eine Investitionsrechnung nach dem Barwertverfahren auf das gesamte Unternehmen anzuwenden. Dabei liegt der Fokus auf den erwarteten Zahlungsüberschüssen, die das Unternehmen in der Zukunft generiert. Nach dem Barwertprinzip wird der heutige Wert der bewertungsrelevanten Cashflows mithilfe eines Diskontierungsfaktor berechnet.

Im Fokus steht dabei immer der Liquiditätsstrom, welcher im Vergleich zu ROI Kennzahlen weniger anfällig für bilanzpolitische Maßnahmen ist. Der Diskontierungssatz entspricht den Renditeforderungen der Kapitalgeber. Zur Ermittlung der Eigenkapitalkosten wird in der Praxis überwiegend das Capital Asset Pricing Model verwendet.[8]

Grundsätzlich wird der Barwert der Cashflows nach der Formel (1) berechnet. Dabei ist t die Betrachtungsperiode und r der allgemeine Diskontierungsfaktor, welcher das Risiko sowie die Opportunitätskosten des jeweiligen Cashflows CF berücksichtigt.[9]

---

[5] Vgl. Rudolf, Markus/Witt, Peter: Bewertung von Wachstumsunternehmen. Traditionelle und innovative Methoden im Vergleich, Wiesbaden, 2002, S. 78; Vgl. Hayn, Marc: Bewertung junger Unternehmen, 2. Auflage, Herne, 2000, S. 191

[6] Vgl. Hasler, 2013, S. 24

[7] Vgl. Born, Karl: Unternehmensanalyse und Unternehmensbewertung, 2. Auflage, Stuttgart, 2003, S. 75; Vgl. Heesen, Bernd: Basiswissen Unternehmensbewertung. Schneller Einstieg in die Wertermittlung, 2. Auflage, Wiesbaden, 2019, S. 277

[8] Vgl. Heesen, 2019, S. 5; Vgl. Ewert, Ralf/Wagenhofer, Alfred: Interne Unternehmensrechnung, Berlin/Heidelberg, 2014, S. 523; Vgl. Pankoke, Tim/Petersmeier, Kerstin: Der Zinssatz in der Unternehmensbewertung, in: Ulrich Schacht/Matthias Fackler (Hrsg.), Praxishandbuch Unternehmensbewertung. Grundlagen, Methoden, Fallbeispiele, 2. Auflage, Wiesbaden, 2009, S. 111

[9] Vgl. Damodaran, Aswath: Discounted Cash Flow Valuation, in: NYU Stern School of Business, 09.09.2020, [online] http://pages.stern.nyu.edu/~adamodar/pdfiles/eqnotes/dcfallOld.pdf [20.01.2021]

Daraus lassen sich die folgenden beiden Aussagen ableiten.

- Damit ein Unternehmen positiv bewertet wird, müssen die Cashflows irgendwann während der Lebensdauer des Unternehmens positiv werden.
- Je früher positive Cashflows generiert werden, desto höher ist der Unternehmenswert.[10]

$$\text{Barwert} = \sum_{t=1}^{t=n} \frac{CF_t}{(1 + r)^t} \tag{1}$$

Abbildung 2 beschreibt die Schritte einer Unternehmensbewertung mittels DCF-Verfahren.

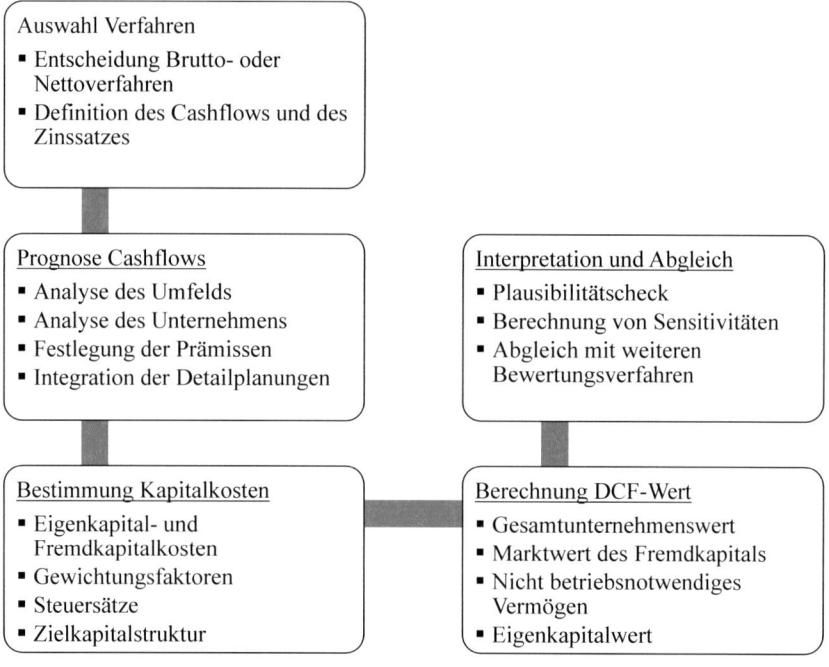

Auswahl Verfahren
- Entscheidung Brutto- oder Nettoverfahren
- Definition des Cashflows und des Zinssatzes

Prognose Cashflows
- Analyse des Umfelds
- Analyse des Unternehmens
- Festlegung der Prämissen
- Integration der Detailplanungen

Interpretation und Abgleich
- Plausibilitätscheck
- Berechnung von Sensitivitäten
- Abgleich mit weiteren Bewertungsverfahren

Bestimmung Kapitalkosten
- Eigenkapital- und Fremdkapitalkosten
- Gewichtungsfaktoren
- Steuersätze
- Zielkapitalstruktur

Berechnung DCF-Wert
- Gesamtunternehmenswert
- Marktwert des Fremdkapitals
- Nicht betriebsnotwendiges Vermögen
- Eigenkapitalwert

Abbildung 2: Schritte der Unternehmensbewertung mit DCF-Verfahren[11]

---

[10] Vgl. Damodaran, Discounted Cash Flow Valuation, 2020, S. 2
[11] Vgl. Schacht, Ulrich/Fackler, Matthias: Discounted-Cash-flow-Verfahren, in: Ulrich Schacht/Matthias Fackler (Hrsg.), Praxishandbuch Unternehmensbewertung. Grundlagen, Methoden, Fallbeispiele, 2. Auflage, Wiesbaden, 2009, S. 208

2.2 Bruttoverfahren und Nettoverfahren

In der Literatur kursiert eine Vielzahl von DCF-Verfahren, welche sich im Wesentlichen durch die bewertungsrelevanten Cashflows, Berücksichtigung von Fremdkapitalzinsen und der Berücksichtigung von Steuereffekten unterscheiden.

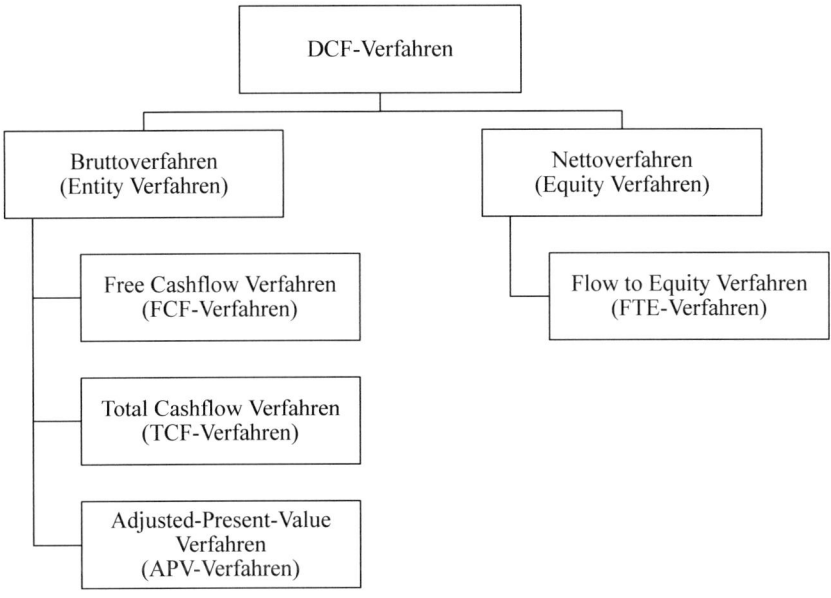

Abbildung 3: Übersicht der DCF-Verfahren[12]

Grundsätzlich lassen sich die DCF-Verfahren den Kategorien der Bruttoverfahren und Nettoverfahren zuordnen. Bruttoverfahren, sogenannte Entity Verfahren, ermitteln den Wert des Eigenkapitals stufenweise. Im ersten Schritt wird der gesamte Unternehmenswert ermittelt und im zweiten Schritt der Marktwert des Fremdkapitals subtrahiert. Nettoverfahren, sogenannte Equity Verfahren, ermitteln ausschließlich den Eigenkapitalwert, indem nur Cashflows diskontiert werden, welche allein Eigenkapitalgebern zur Verfügung stehen. Um dem Anspruch dieser Arbeit gerecht zu werden, wird im folgenden Abschnitt ausführlich auf das FCF-Verfahren eingegangen, da dies die höchste Praxisrelevanz aufweist. Im Anschluss erfolgt eine Abgrenzung der anderen DCF-Verfahren.[13]

---

[12] Vgl. Matschke, Manfred Jürgen/Brösel, Gerrit: Unternehmensbewertung: Funktionen - Methoden - Grundsätze, Wiesbaden, 2013, S. 699

[13] Vgl. Hasler, 2013, S. 25; Vgl. Schacht/Fackler, 2009, S. 209 sowie S. 238

2.3   Das FCF-Verfahren

Das Free Cashflow Verfahren ermittelt den Unternehmenswert auf Basis von zukünftigen freien Cashflows, welche den Eigenkapital- und Fremdkapitalgebern zugeordnet werden. Daher wird beim FCF-Verfahren ein Diskontierungssatz ermittelt, welcher den Forderungen aller Kapitalgeber entspricht.[14] Der Diskontierungssatz wird nach dem Weighted Average Cost of Capital Ansatz (WACC-Ansatz) berechnet, welcher in Unterabschnitt 2.3.3 ausführlich erklärt wird.

Das FCF-Verfahren ist ein **zukunftsorientiertes Bewertungsverfahren**. Daher ist eine Analyse der zukünftigen Geschäftsentwicklung und der geltenden Rahmenbedingungen durchzuführen. In der Bewertungspraxis wird die Geschäftsentwicklung für die kommenden 4 bis 5 Jahre detailliert geplant und anschließend für einen Zeitraum von weiteren fünf bis zehn Jahren unter vereinfachenden Annahmen geschätzt. Dieser Zeitraum wird als Detailplanungsphase bezeichnet. Im Anschluss wird auf Basis einer geometrischen Reihe der Restwert bestimmt, falls von einem unendlichen Fortbestehen des Unternehmens ausgegangen werden kann. Alternativ kann auch bereits nach den ersten 4 bis 5 Jahren der Restwert ermittelt werden. Der Zeitraum nach der Detailplanungsphase wird Reifephase genannt.[15]

Das FCF-Verfahren ermittelt den Wert des Eigenkapitals, auch Shareholder Value genannt, in zwei Schritten. Im ersten Schritt wird, wie bei allen Bruttoverfahren, der Marktwert des Gesamtkapitals GK_{MW} ermittelt.[16] Formel (2) unterstellt, dass der Diskontierungsfaktor WACC in allen Perioden konstant ist.

---

[14] Vgl. Sieben, Günter: Unternehmensbewertung: Discounted Cash Flow-Verfahren und Ertragswertverfahren - Zwei völlig unterschiedliche Ansätze?, in: Josef Lanfermann (Hg.), Internationale Wirtschaftsprüfung: Festschrift zum 65. Geburtstag von Prof. Dr. Dr. h.c. Hans Havermann, Düsseldorf, 1995, S. 718

[15] Vgl. Hasler, 2013, S. 30-31

[16] Vgl. Mokler, Michael: Ertragswert- und Discounted-Cash-flow-Verfahren im Vergleich, in: Ulrich Schacht/Matthias Fackler (Hrsg.), Praxishandbuch Unternehmensbewertung. Grundlagen, Methoden, Fallbeispiele, 2. Auflage, Wiesbaden, 2009, S. 237

$$GK_{MW} = \sum_{t=1}^{\infty} \frac{FCF_t}{(1 + WACC)^t} = \underbrace{\sum_{t=1}^{T} \frac{FCF_t}{(1 + WACC)^t}}_{\substack{\text{Barwert d. Free Cashflows} \\ \text{in der Detailplanungsphase}}} + \underbrace{\frac{RW_{FCF,T}}{(1 + WACC)^T}}_{\substack{\text{Barwert des} \\ \text{Restwerts}}} \qquad (2)$$

Mit

GK$_{MW}$ = Gesamtkapital zum Marktwert

FCF$_t$ = Free Cashflow bzw. Freier Cashflow

WACC   = Gewogener durchschnittlicher Kapitalkostensatz

T   = Endperiode der Detailplanungsphase

RW$_{FCF}$ = Restwert auf Basis der nachhaltig erzielbaren Freien Cashflows

Im zweiten Schritt wird durch Subtraktion des Fremdkapitals und Addition des nicht betriebsnotwendigen Vermögens der Marktwert des Eigenkapitals vom Marktwert des Gesamtkapitals abgeleitet.[17] Unterabschnitt 2.3.5 beschreibt das Vorgehen zur Bereinigung des Gesamtwerts.

2.3.1 Der freie Cashflow

Als Cashflows bezeichnet man grundsätzlich alle zahlungswirksamen Einnahmen und Ausgaben. Dennoch werden bei der betrieblichen Finanzanalyse verschiedene Cashflows ermittelt. Nach Günther/Schiemann definiert sich der freie Cashflow als Cashflow, der nach Abdeckung der Investitionen in das Anlagevermögen und das Working Capital sowohl für die Eigen-, als auch Fremdkapitalgeber frei verfügbar ist.[18]

Damit bleibt der freie Cashflow unberührt von jeglichen Finanzierungstätigkeiten wie der Aufnahme von Krediten, Ausgabe von Anleihen, Zinszahlungen an Fremdkapitalgeber, Dividenden oder Eigenkapitalerhöhungen bzw. Herabsetzungen. Somit stellt der freie Cashflow den Cashflow aus der Gesamtunternehmenssicht dar.[19]

In der Literatur werden zur Bestimmung des freien Cashflows aus Gesamtunternehmenssicht verschiedene Vorgehen beschrieben. Im Folgenden wird die indirekte Methode der Cashflow Ermittlung vorgestellt, da somit der Cashflow auch für Unternehmsexterne

---

[17] Vgl. Mokler, 2009, S. 237; Vgl. Hasler, 2013, S. 29; Vgl. Mandl, Gerwald/Rabel, Klaus: Unternehmensbewertung. Eine praxisorientierte Einführung, Wien, 1997, S. 345

[18] Vgl. Günther, Thomas/Schiemann, Frank: Unternehmensbewertung im Rahmen der Argumentationsfunktion. Cashflow-Varianten und deren Ermittlung, in: Karl Petersen et al. (Hrsg.), Handbuch Unternehmensbewertung: Funktionen, moderne Verfahren, Branchen, Rechnungslegung, Köln, 2013, S. 270

[19] Vgl. Günther/Schiemann, 2013, S. 273

transparent berechnet werden kann. Der Free Cashflow kann anhand des Betriebsergebnis wie folgt abgeleitet werden.[20]

     EBIT

 −   Adaptierte Unternehmenssteuer

+/−   Abschreibungen und Amortisationen/ Zuschreibungen

+/−   Zuführung/ Inanspruchnahme von Rückstellungen

−/+   Zunahme/Abnahme Net Working Capital

 −   Investitionen in das Anlagevermögen

 −   Investitionen aus Mergers & Acquisitions (M&A)

     Free Cashflow

Abbildung 4: Berechnung des Free Cashflows

Das EBIT, welches mit dem Betriebsergebnis aus der Gewinn- und Verlustrechnung (GuV) vergleichbar ist, wird bei der indirekten Methode um die Unternehmenssteuerlast bei unterstellter Eigenfinanzierung, den zahlungsunwirksamen Aufwendungen und den zahlungsunwirksamen Erträgen bereinigt. Somit entspricht der ermittelte Free Cashflow den Ein- oder Auszahlungsüberschüssen aus dem operativen Bereich reduziert um Investitionen, welche in der Zukunft den operativen Bereich beeinflussen.

Die zu bezahlende Steuer ist als liquiditätsbelastende Aufwendung vom EBIT abzuziehen. Da beim FCF-Verfahren der steuermindernde Effekt der Fremdkapitalkosten im Diskontierungssatz erfasst wird, kann das EBIT als fiktive Bemessungsgrundlage für die Berechnung der Unternehmenssteuer herangezogen werden.[21] Dabei ist der langfristige Grenzsteuersatz des Landes anzuwenden, in welchem das Unternehmen seinen Firmensitz hat. Der Grenzsteuersatz für deutsche Kapitalgesellschaften setzt sich aus der Körperschaftssteuer einschließlich Solidaritätszuschlag von 15,825% und der Gewerbesteuer zusammen. Die Gewerbesteuer variiert zwischen Gemeinden und liegt im Durchschnitt

---

[20] Vgl. Mugler, Jörg/Zwirner, Christian: DCF-Verfahren, in: Karl Petersen et al. (Hrsg.), Handbuch Unternehmensbewertung. Funktionen, Moderne Verfahren, Branchen, Rechnungslegung, Köln, 2013, S. 297; Vgl. Baetge, Jörg et al.: Darstellung der Discounted Cashflow-Verfahren (DCF-Verfahren) mit Beispiel, in Volker Peemöller (Hg.), Praxishandbuch der Unternehmensbewertung. Grundlagen und Methoden, Bewertungsverfahren, Besonderheiten bei der Bewertung, 6. Auflage, Herne, 2015, S.373; Vgl. Born, 2003, S.76

[21] Vgl. Mugler/Zwirner, 2013, S. 297; Vgl. Born, 2003, S. 79

bei 15,1%.[22] Das US-amerikanische Steuersystem setzt sich ähnlich zum deutschen Steuersystem auch aus zwei Bausteinen zusammen. Der Grenzsteuersatz für das Unternehmen kann aus dem jeweiligen Steuergesetz ermittelt werden.

Das Betriebsergebnis ist neben den Steuerzahlungen auch um Abschreibungen, Amortisationen und Zuschreibungen zu bereinigen. Abschreibungen werden als Aufwand in der Gewinn- und Verlustrechnung verbucht und reduzieren somit das Betriebsergebnis. Abschreibungen müssen addiert werden, da diese nicht liquiditätswirksam sind und nur aus der planmäßigen Verteilung der Anschaffungskosten der abnutzbaren Vermögensgegenstände des Anlagevermögens entstehen.[23] Amortisationen stellen die planmäßige Verteilung der Anschaffungskosten für immaterielle Vermögensgegenstände dar und müssen somit gleichbehandelt werden. Zuschreibungen im Anlagevermögen können bspw. durch Marktpreisschwankungen entstehen und werden vom EBIT subtrahiert. Häufig wird in den Geschäftsberichten der Saldo aller Abschreibungen, Amortisationen und Zuschreibungen ausgewiesen.

Das Erhöhen langfristiger Rückstellungen, wie bspw. Pensionsrückstellungen, wirkt sich nicht liquiditätsmindernd aus. Langfristige Rückstellungen sind grundsätzlich als langfristige Verbindlichkeiten anzusehen. Das Erhöhen langfristiger Rückstellungen wird in der GuV als Aufwand erfasst und muss daher bei der FCF Berechnung addiert werden. Die Inanspruchnahme und Auflösung von langfristigen Rückstellungen wird in der GuV als Ertrag erfasst und muss daher gegensätzlich behandelt werden.[24]

Außerdem wird das EBIT um liquiditätswirksame Veränderungen des Nettoumlaufvermögens bereinigt, welches im Englischen als net working capital bezeichnet wird. Das Nettoumlaufvermögen berechnet sich aus der Differenz des Umlaufvermögens und der kurzfristigen Verbindlichkeiten.[25] Im Allgemeinen sind mit Veränderungen des Nettoumlaufvermögens Werte wie Vorräte, Forderungen aus Lieferungen und Leistungen, geleistete Anzahlungen, sonstige Forderungen, kurzfristige Rückstellungen, Verbindlichkeiten aus Lieferung und Leistung, erhaltene Anzahlungen, sonstige Verbindlichkeiten sowie Rechnungsabgrenzungen gemeint.[26] Veränderungen der liquiden Mittel und Zahlungsmitteläquivalente sind nicht mit in die Berechnung einzubinden. Ebenso sind Veränderungen des Bestands an nicht betriebsnotwendigen Vermögensgegenständen, wie bspw. gewährte verzinsliche Darlehen oder Wertpapiere aus dem Umlaufvermögen, nicht miteinzubeziehen.[27]

---

[22] Vgl. Hasler, 2013, S. 26

[23] Vgl. Baetge et al., 2015, S. 373

[24] Vgl. Heesen, Bernd: Basiswissen Unternehmensbewertung. Schneller Einstieg in die Wertermittlung, Wiesbaden, 2019, S. 8 sowie S. 32

[25] Vgl. Heesen, 2019, S. 113

[26] Vgl. Mandl/Rabel, 1997, S. 318

[27] Vgl. Heesen, 2019, S. 10

Abschließend wird das EBIT um Investitionen bzw. Desinvestitionen in das Anlagever-mögen bereinigt.[28] Dazu zählen Ersatzinvestitionen, die erforderlich sind, um den laufen-den Geschäftsbetrieb aufrechtzuerhalten, sowie Erweiterungsinvestitionen, welche das geplante Umsatzwachstum ermöglichen. Investitionsausgaben aus Mergers & Acquisiti-ons stellen auch zahlungswirksame Aufwendungen dar und reduzieren somit den Free Cashflow.[29]

Das Ergebnis stellt dann den finanzierungsneutralen freien Cashflow dar. Dieser Cash-flow charakterisiert sich durch die klare Trennung zwischen Leistungs- und Finanzie-rungsbereich eines Unternehmens.

2.3.2 Prognose der Cashflows

Die prognostizierte Geschäftsentwicklung eines Unternehmens und die damit verbunde-nen Zahlungsüberschüsse haben wesentlichen Einfluss auf den Unternehmenswert. In der Literatur werden zur Prognose zukünftiger Cashflows verschiedene Verfahren beschrie-ben. Im Folgenden werden drei Verfahren näher betrachtet.

2.3.2.1 Historische Wachstumsrate

Eine historische Wachstumsrate der Free Cashflows kann bei ausreichender Datenlage und stabilen Free Cashflows in der Vergangenheit angesetzt werden. Dabei wird mit sta-tistischen Methoden wie dem geometrischen Mittel, Regressionsanalysen oder Zeitrei-henanalysen anhand vergangener Werte eine Wachstumsrate bestimmt. Dieses Vorgehen stützt sich auf der Annahme, dass eine Beziehung zwischen den zukünftigen und vergan-genen Cashflows besteht. Bei reifen Unternehmen stellt dies eine nachvollziehbare An-nahme dar, während bei wachstumsstarken und jungen Unternehmen oft keine direkte Beziehung zwischen vergangenen und zukünftigen Cashflows vorliegt. Zudem ist unge-klärt, ob bei der Vergangenheitsbetrachtung nur die letzten 3 Jahre relevant sind, oder ob ein vollständiger Konjunkturzyklus zu betrachten ist.[30]

2.3.2.2 Wachstumsrate anhand von Fundamentaldaten

Alternativ zur historischen Ermittlung kann eine Cashflow Wachstumsrate anhand von Fundamentaldaten der letzten Periode bestimmt werden. Dies wird auch als modellendo-gener Ansatz beschrieben, da die ermittelte Wachstumsrate mit allen Parametern des Be-wertungsmodells konsistent ist. Die Wachstumsrate des Cashflows entspricht dabei dem Produkt aus der Reinvestitionsquote und der Gesamtkapitalrendite.[31]

---

[28] Vgl. Mandl/Rabel, 1997, S. 318
[29] Vgl. Hasler, 2013, S. 26-27
[30] Vgl. Mondello, Enzo: Aktienbewertung. Theorie und Anwendungsbeispiele, Wiesbaden, 2015, S. 276
[31] Vgl. Hasler, 2013, S. 31-32

$$G_{FCF} = \frac{Capex + \Delta WC - Dep}{EBIT(1-\tau)} \frac{EBIT_t(1-\tau)}{SAV_{t-1} + WC_{t-1} - Cash_{t-1}} \tag{3}$$

Mit

G_{FCF}	= Wachstumsrate der freien Cashflows
Capex	= Investitionen in das Sachanlagevermögen
ΔWC	= (Des-)Investitionen in das Working Capital
Dep	= Abschreibungen und Amortisation
EBIT	= Betriebsergebnis
τ	= Grenzsteuersatz
SAV	= Sachanlagevermögen
Cash	= Kassenbestand

2.3.2.3 Schätzung einzelner Cashflow Komponenten

Die Schätzung einzelner Cashflow Komponenten ermöglicht es, die individuelle langfristige strategische Ausrichtung des Unternehmens miteinzubeziehen. In der Praxis wird hierzu häufig ein umsatzbasierter Ansatz gewählt und die komplexen Beziehungen der Cashflow Komponenten anschließend mit historischen Unternehmenswerten und Branchendurchschnittswerten geschätzt. Nach Mondello sind bei einem umsatzbasierten Ansatz u.a. die folgenden Parameter zu schätzen:

- Umsatzwachstum
- EBIT-Marge
- Verhältnis zwischen Investitionen und Umsatzwachstum[32]

Formel (4) zeigt den vereinfachten mathematischen Zusammenhang zwischen Umsatz R und Free Cashflow FCF.[33]

---

[32] Vgl. Mondello, 2015, S. 240 sowie S. 276

[33] Vgl. Hasler, 2013, S. 40-41; Vgl. Damodaran, 2018, S. 36; Vgl. Damodaran, Aswath: The Free Cashflow to Firm Model, in: NYU Stern School of Business, 09.11.2020, [online] http://people.stern.nyu.edu/adamodar/pdfiles/eqnotes/fcff.pdf [20.01.2021]

$$FCF_t = R_t \times M_t \times (1 - \tau_t) - I_t \tag{4}$$

Mit

R   = Umsatz

M   = EBIT-Marge

I   = Reinvestitionen

In der Literatur werden für die Ermittlung dieser Faktoren verschiedene Methoden vor-gestellt. Die Investitionsausgaben können mit einer sogenannten Sales-to-Capital-Ratio berechnet werden. Die Sales-to-Capital-Ratio kann anhand des Quotienten aus Umsatz und investiertem Kapital der Vorperiode gebildet werden und kann sich im Verlauf der Detailplanungsphase verändern. Formel (5) verdeutlicht diesen Zusammenhang.[34]

$$STC_t = \frac{R_t}{IK_{t-1}} \tag{5}$$

Mit

STC   = Sales-to-Capital-Ratio

IK   = Investiertes Kapital im Unternehmen

Basierend auf der Sales-to-Capital-Ratio können abhängig vom Umsatzwachstum die Re-investitionsausgaben wie folgt geschätzt werden.

$$I_t = \frac{\Delta R_t}{STC} \tag{6}$$

Die Sales-to-Capital-Ratio kann z. B. dem letzten Geschäftsbericht abgeleitet werden und muss nicht zwangsläufig über die Dauer der Detailplanungsphase konstant bleiben. Falls ein Unternehmen z. B. bereits in Kapazitäten für die Jahre in der Detailplanungsphase investiert hat, kann angenommen werden, dass das Unternehmen keine oder nur geringe Reinvestitionen im Vergleich zum Umsatzwachstum tätigen muss.[35]

---

[34] Vgl. Damodaran, 2018, S. 347-348
[35] Vgl. Damodaran, 2018, S. 348

Die zukünftigen Umsätze und die EBIT-Marge hängen grundsätzlich von der Entwicklung des relevanten Marktes, den Stärken und Schwächen eines Unternehmens und der strategischen Ausrichtung ab. Neben der zukunftsorientierten Analyse der Erfolgspotenziale muss auch eine Vergangenheitsanalyse der Unternehmenskennzahlen durchgeführt werden. Diese Kennzahlen erfassen den Ist-Zustand des Unternehmens und bieten die Grundlage für Prognosen der zukünftigen Geschäftsentwicklung.[36]

Eine zukunftsorientierte Analyse besteht grundsätzlich aus einer Umwelt- und Unternehmensbetrachtung und kann im Rahmen einer SWOT-Analyse durchgeführt werden. Die Ergebnisse der Umweltanalyse repräsentieren dabei die Chancen bzw. Opportunities und Risiken bzw. Threats eines Unternehmens. Das Branchenstrukturmodell nach Porter stellt dabei einen gebräuchlichen Ansatz zur Analyse der Mikroumwelt dar. Als Ergänzung kann eine STEP-Analyse durchgeführt werden, um die makroökonomischen Entwicklungen und Einflussfaktoren systematisch zu erfassen.[37]

Zur Bestimmung der Stärken bzw. Strengths und Schwächen bzw. Weaknesses eines Unternehmens können verschiedene Unternehmensanalysen durchgeführt werden. Dabei sollte der Fokus auf der Ermittlung der unternehmensspezifischen Wettbewerbsvorteile liegen, da diese die Basis für das Bestehen am Markt bilden. Copeland/Koller/Murrin empfehlen dafür Geschäftssystemanalysen.[38]

Im Folgenden wird auf ausgewählte Analysemethoden eingegangen. Eine detaillierte Vorgehensweise zur Durchführung der Analysen ist in entsprechender Fachliteratur zu finden.

Bei der Anwendung des **Branchenstrukturmodell nach Porter** muss zu Beginn eine eindeutige Definition der betrachtenden Branche vorgenommen werden, um relevante Kräfte in der Branche zu ermitteln. Dies wird auch als Branchenabgrenzung oder die Bestimmung des relevanten Marktes bezeichnet. Zunächst werden die Produkte identifiziert, die aus der Sicht der Nachfrager mit den eigenen Produkten direkt vergleichbar bzw. austauschbar sind. Kunden, die diese Produkte nachfragen und andere Unternehmen, die diese Produkte anbieten, sind Teil der Branche.[39]

Abbildung 5: Branchenstrukturmodell nach Porter zeigt die fünf Kräfte, die nach Porter die Ertragskraft einer Branche bestimmen. Die Ertragskraft wird maßgeblich von der Existenz von Ersatzprodukten beeinflusst, welche ähnliche Kundenbedürfnisse erfüllen, wie die Produkte der betrachteten Branche. Eintritts- und Austrittsbarrieren der Branche

---

[36] Vgl. Born, 2003 S. 87, Vgl. Seppelfricke, Peter: Handbuch Aktien- und Unternehmensbewertung. Bewertungsverfahren, Unternehmensanalyse, Erfolgsprognose, 3. Auflage, Stuttgart, 2007, S. 193-195

[37] Vgl. Seppelfricke, 2007, S. 253-256 sowie S. 261

[38] Vgl. Copeland, Tom et al.: Unternehmenswert. Methoden und Strategien für eine wertorientierte Unternehmensführung, 3. Auflage, Frankfurt/Main, 2002, S. 293

[39] Vgl. Hungenberg, Harald/Wulf, Torsten: Grundlagen der Unternehmensführung. Einführung für Bachelorstudierende, Berlin/Heidelberg, 2011, S. 180

haben Einfluss auf die Wahrscheinlichkeit, dass neue Wettbewerber in den Markt eintreten und ob bisherige Wettbewerber den Markt verlassen. Diese Barrieren können neben
den materiellen auch durch immaterielle Faktoren dargestellt werden.[40]

Die Verhandlungsmacht der Zulieferer bestimmt den Anteil der Zulieferer am Gesam-
tumsatz der Branche. Durch das Stärken der eigenen Verhandlungsmacht, kann sich ein
Unternehmen von der Branche absetzen und überdurchschnittliche Erträge erwirtschaf-
ten. Auch die Verhandlungsmacht der Kunden hat Einfluss auf die Attraktivität einer
Branche. Falls eine Branche beispielsweise standardisierte Produkte herstellt, hat der
Kunde grundsätzlich die Möglichkeit die Anbieter zu wechseln und kann somit niedrigere
Preise oder eine verbesserte Qualität fordern.[41]

Die Wettbewerbsintensität innerhalb der Branche stellt die fünfte Kraft im Modell dar
und wird von verschiedenen Aspekten bestimmt. Umstellungskosten der Kunden oder
eine Produktdifferenzierung innerhalb der Branche können zu einer geringeren Branchen-
rivalität führen, wohingegen z. B. hohe branchenspezifische Fixkosten dazu führen, dass
ein erhöhter Preisdruck herrscht, um die geplante Auslastung der Kapazitäten zu erreichen.[42]

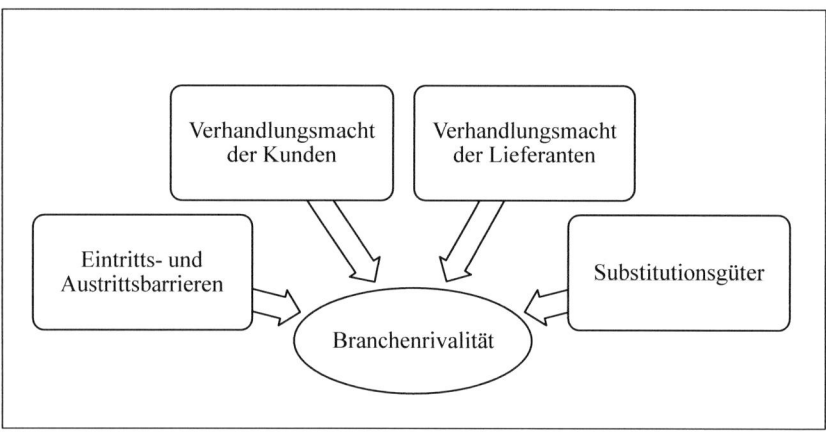

Abbildung 5: Branchenstrukturmodell nach Porter[43]

Die **STEP-Analyse** betrachtet die Makroumwelt und beinhaltet Variablen, die nicht vom
Unternehmen gesteuert werden können. Im Rahmen dieser Analyse wird nach dominie-
renden Trends gesucht, welche mit hoher Wahrscheinlichkeit einen starken Einfluss auf

---

[40] Vgl. Hungenberg/Wulf, 2011, S. 183
[41] Vgl. Copeland et al., 2002, S. 288-289; Vgl. Seppelfricke, 2007, S.261
[42] Vgl. Seppelfricke, 2007, S. 262
[43] Vgl. Copeland et al., 2002, S. 288

die zukünftigen Rahmenbedingungen des Unternehmens und der Mikroumwelt haben werden. Die identifizierten Einflüsse haben häufig den Charakter von Megatrends und beeinflussen die Ertragskraft einer Branche langfristig.[44] Abbildung 6: STEP-Analyse stellt die verschiedenen Kategorien der STEP-Analyse dar.

Die Sozio-kulturelle Komponente befasst sich mit den Werten und Normen der Gesellschaften und mit deren zukünftigen Entwicklung. Außerdem wird dabei auch die Demografie des Umfelds betrachtet. Dies umfasst u. a. die Bevölkerungsentwicklung, die Struktur der Gesellschaften, die geographische Verteilung, die Altersstrukturen oder auch den Bildungsstand.[45]

Die technologische Komponente betrachtet die Einflüsse auf den Einsatz neuer Technologien. Die immer kürzer werdenden Produktlebens- und Produktentwicklungszyklen beschleunigen den technologischen Fortschritt.[46] Disruptive Produktions- oder Produktinnovationen können zu erheblichen Veränderungen in den Absatzmärkten führen.

Im Rahmen der ökonomischen Komponente wird die wirtschaftliche Entwicklung von Volkswirtschaften betrachtet. Dazu zählen neben dem Angebots- und Nachfrageverhalten auf den Kapital- und Gütermärkten u. a. auch die Kreditvergabe der Zentral- und Kreditbanken, die Inflationsraten, das Zinsniveau, die Entwicklung des Bruttoinlandsprodukts und Arbeitslosenquoten.[47]

Unter der politisch-rechtlichen Komponente werden im Wesentlichen der Einfluss der Politik in der Wirtschaft durch Subventionen und Sanktionen, (Steuer-)Gesetze, zwischenstaatliche Abkommen oder terroristische Aktivitäten erfasst. Auch Verbraucherbewegungen und die Bildung von Gewerkschaften müssen hier berücksichtigt werden. Bei der Durchführung einer STEP-Analyse muss die gegenseitige Beeinflussung der einzelnen Komponenten mitbetrachtet werden.[48]

---

[44] Vgl. Runia, Peter et al.: Marketing: prozess- und praxisorientierte Grundlagen, München, 2015, S. 11; Vgl. Seppelfricke, 2007, S. 255
[45] Vgl. Runia et al., 2015, S. 12-13
[46] Vgl. Runia et al., 2015, S. 14
[47] Vgl. Runia et al., 2015, S. 13
[48] Vgl. Runia et al., 2015, S. 14

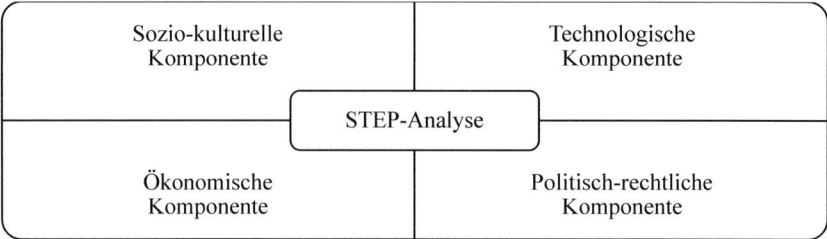

Abbildung 6: STEP-Analyse

Geschäftssystemanalysen betrachten die Wertschöpfungsprozesse von Unternehmen. In der Literatur wird hierfür häufig die Wertkettenanalyse nach Porter zitiert. Porter empfiehlt dabei die Unternehmensbereiche in Primär- und Sekundäraktivitäten zu zerlegen, da somit die Kernkompetenzen und Wettbewerbsvorteile eines Unternehmens einfacher zu erkennen sind. Anschließend wird der Beitrag der Aktivitäten auf die Wertschöpfung untersucht und die Vor- und Nachteile gegenüber Wettbewerbern analysiert. Bei der Geschäftssystemanalyse müssen daher auch die wichtigsten Wettbewerber analysiert werden. Neben dem Wertschöpfungsprozess werden auch die Ressourcen eines Unternehmens, sowie die Fähigkeiten diese Ressourcen strategisch einzusetzen, ermittelt. Die erfolgskritischen Ressourcen und Fähigkeiten eines Unternehmens werden auch als Kernkompetenzen bezeichnet.[49] Neben der Wertkettenanalyse nach Porter können auch andere Ansätze verwendet werden, um das Geschäftssystem zu analysieren.

Abbildung 7: Praxisorientierter Ansatz zur Prognose zukünftiger Cashflows zeigt einen praxisorientierten Ablauf zur Bestimmung der einzelnen Cashflow Komponenten. Die Darstellung beschränkt sich dabei auf die erwähnten Analyseverfahren zur Umwelt- und Unternehmensanalyse. Die geschätzten Größen sollten sich an den aktuellen Kennzahlen des Unternehmens orientieren und gleichzeitig die Ergebnisse der Unternehmens- und Umfeldanalyse widerspiegeln.

---

[49] Vgl. Runia et al., 2015, S. 58; Vgl. Copeland et al., 2002, S. 291; Vgl. Hungenberg/Wulf, 2011, S. 193

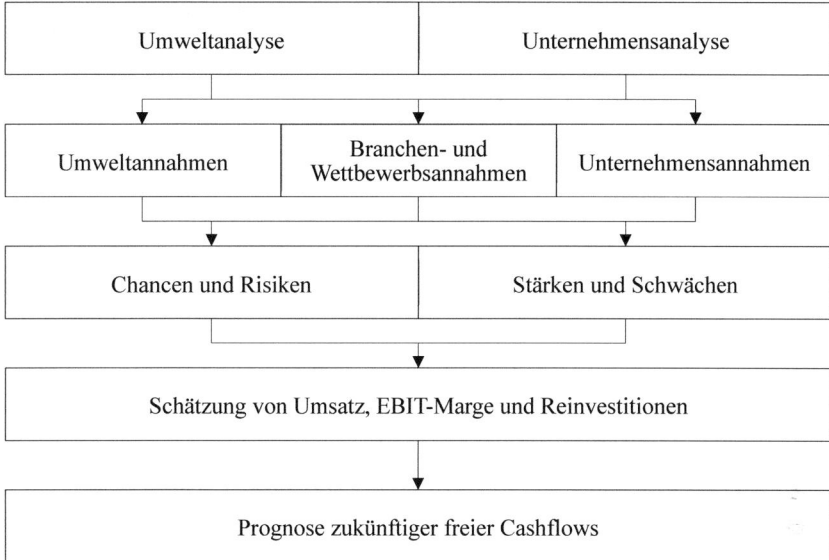

Abbildung 7: Praxisorientierter Ansatz zur Prognose zukünftiger Cashflows

2.3.3 Weighted Average Cost of Capital (WACC)

Bei dem FCF-Verfahren muss ein Diskontierungssatz ermittelt werden, welcher die Ansprüche der Eigen- und Fremdkapitalgeber anteilsmäßig darstellt. Nach dem WACC-Ansatz ergibt sich der Diskontierungssatz als Summe der gewichteten Eigen- und Fremdkapitalkosten. Die Kapitalstruktur des Unternehmens nimmt dabei eine zentrale Rolle ein.

Wie bereits im Unterabschnitt 2.3.1 beschrieben, werden die mit der Verschuldung einhergehenden positiven Steuereffekte beim FCF-Verfahren im Diskontierungsfaktor berücksichtigt und müssen daher nicht bei der Bestimmung der Free Cashflows betrachtet werden. Diese steuermindernden Effekte werden auch als Tax Shield bezeichnet.[50]

Der gewogene durchschnittliche Kapitalkostensatz WACC wird anhand Formel (7) berechnet.[51]

[50] Vgl. Mugler/Zwirner, 2013, S. 306
[51] Vgl. Hasler, 2013, S. 35; Vgl. Baetge et al., 2015, S. 409

$$WACC = r_{EK} \times \frac{EK_{MW}}{EK_{MW} + FK_{MW}} + r_{FK} \times \frac{FK_{MW}}{EK_{MW} + FK_{MW}} \times (1 - \tau) \qquad (7)$$

Mit

r_{EK} = Renditeforderung der Eigentümer

EK_{MW} = Eigenkapital zum Marktwert

FK_{MW} = Fremdkapital zum Marktwert

r_{FK} = Fremdkapitalkostensatz

Falls sich die Kapitalstruktur im Rahmen der Detailplanungsphase ändert, kann kein konstanter WACC angenommen werden. In diesem Fall muss anhand Formel (8) anstelle von Formel (2) der Marktwert des Gesamtkapitals GK$_{MW}$ berechnet werden. KWACC$_t$ stellt dabei den kumulativen gewogenen durchschnittlichen Kapitalkostensatz der Periode t dar und kann mit Formel (9) berechnet werden. Der KWACC der Periode t entspricht dem Produkt aus dem WACC aus Periode t und vorherigen WACC Werten.[52]

$$GK_{MW} = \sum_{t=1}^{\infty} \frac{FCF_t}{1 + KWACC_t} = \sum_{t=1}^{T} \frac{FCF_t}{1 + KWACC_t} + \frac{RW_{FCF,T}}{1 + KWACC_T} \qquad (8)$$

Mit

$$KWACC_t = \prod_{i}^{t} (1 + WACC_i) - 1 \qquad (9)$$

2.3.3.1 Ermittlung der Eigenkapitalkosten

Zur Ermittlung der Eigenkapitalkosten r$_{EK}$ wird in der Praxis das Capital Asset Pricing Model (CAPM) nach Sharpe/Lintner/Mossing angewandt.[53] Das Modell stellt dabei die Beziehung zwischen erwarteter Eigenkapitalrendite und Risiko dar. Die erwartete Eigen-

---

[52] Vgl. Hasler, 2013, S. 35-37

[53] Vgl. Wiese, Jörg: Zins(satz)ermittlung mit dem CAPM, in: Karl Petersen et al. (Hrsg.), Handbuch Unternehmensbewertung: Funktionen, moderne Verfahren, Branchen, Rechnungslegung, Köln, 2013, S. 283

kapitalrendite eines risikobehafteten Wertpapiers setzt sich mathematisch aus der risikolosen Rendite r_f und einer unternehmensspezifischen Risikoprämie zusammen.[54] Formel
(10) stellt diesen Zusammenhang mathematisch dar.

Das CAPM baut auf der Portfoliotheorie von Markowitz auf, welches zwischen dem systematischen und unsystematischen Risiko differenziert. Im Folgenden wird auf die Anwendung in der Praxis eingegangen und die teilweise restriktiven Modellannahmen aufgrund der hohen Praxisrelevanz des Modells nicht diskutiert.[55]

Nach dem CAPM ist die Renditeforderung der Eigenkapitalgeber maßgeblich durch den
Einfluss des systematischen Risikos auf das Unternehmen geprägt. Unter systematische
Risiken fallen Ereignisse, die Auswirkungen auf den gesamten Markt haben. Dies können
z. B. Wirtschaftskrisen, Naturkatastrophen oder auch Kriege sein. Dieses Risiko wird im
Betafaktor β erfasst.[56]

Das unsystematische Risiko, welches den Ursprung in (Fehl-)Entscheidungen des Mana-
gements hat und nicht durch Schwankungen des Marktes erklärt werden kann, wird im
Rahmen des CAPM nicht betrachtet. Es wird davon ausgegangen, dass ein Eigenkapitalgeber dieses Risiko im Rahmen der eigenen Portfoliodiversifikation eliminiert hat. Die
Renditeforderung im CAPM wird daher nur vom systematischen Risiko, dem sogenannten Marktrisiko, beeinflusst.[57]

$$r_{EK} = r_f + \beta \times r_m \qquad\qquad (10)$$

Mit

r_f	= Risikoloser Zinssatz
β	= Betafaktor des Unternehmens
r_m	= Marktrisikoprämie

Der Risikolose Zinssatz r_f ist der erwartete und garantierte Zins, den ein Eigenkapitalgeber erhalten könnte. In der Theorie sind dies Anleihen, die keinem Ausfall-, Inflations-
oder Währungsrisiko unterliegen und nicht mit dem restlichen Kapitalmarkt korrelieren.
Für die Praxis empfehlen Copeland/Koller/Murrin (US-)Staatsanleihen mit einer Laufzeit
von 10 Jahren. Bei hohen oder instabilen Inflationserwartungen innerhalb eines Landes,
wird in der Praxis häufig der risikolose Zinssatz von inflationsindexierten Staatsanleihen

---

[54] Vgl. Hasler, 2013, S. 16
[55] Vgl. Mandl/Rabel, 1997, S. 291
[56] Vgl. Damodaran, 2018, S. 39
[57] Vgl. Mandl/Rabel, 1997, S. 290

abgeleitet. Dabei ist es wichtig, dass die Cashflows auf realen Wachstumsraten ermittelt werden und um inflationsbedingte Preisanstiege korrigiert werden.[58]

Die Markrisikoprämie r_m ergibt sich nach Formel (11) aus der Differenz der erwarteten Rendite eines perfekt diversifizierten Portfolios r_p und dem risikolosen Zinssatz r_f. Nach dem CAPM beinhaltet das perfekt diversifizierte Portfolio sämtliche nicht risikofreien Anlageformen. Neben den Kapitalmarkttiteln besteht das Portfolio auch aus weiteren Vermögenswerten wie z. B. Grundstücken, Gebäuden oder Antiquitäten. Dieses Portfolio wird auch als Marktportefeuille bezeichnet. Meist wird auf die Rendite von Aktienindizes zurückgegriffen, da das Marktportefeuille in der Realität nicht abgebildet werden kann. In der Praxis wird daher für die Rendite des Marktportefeuille r_p die durchschnittlichen historischen Renditen des S&P 500 für die USA, des CDAX für Deutschland oder die Rendite des MSCI World Index verwendet. In der Literatur herrscht bisher keine Einigkeit, ob dieser Durchschnitt mit dem geometrischen oder arithmetischen Mittel berechnet werden sollte.[59]

Alternativ kann auch die Marktrisikoprämie r_m direkt aus den Kapitalkostenempfehlungen des Instituts der Wirtschaftsprüfer (IDW) benutzt werden. Der Fachausschuss für Unternehmensbewertung und Betriebswirtschaft (FAUB) des IDW empfiehlt derzeit eine Marktrisikoprämie von 6 – 8% (Stand 22.10.2019).[60]

$$r_m = r_p - r_f \qquad\qquad (11)$$

Mit

r_p = Rendite des Marktportefeuille

Der Betafaktor β stellt die dritte Komponente im CAPM dar und erfasst das unternehmensindividuelle systematische Risiko eines Wertpapiers. Dieser gibt an, in welcher Proportion sich die Rendite des jeweiligen Wertpapiers zu der Rendite des Marktportefeuille entwickelt. Mathematisch lässt sich der Betafaktor als Quotient aus der Kovarianz der Renditen des Wertpapiers und des Marktes in Bezug zur Varianz der Marktrendite ausdrücken.[61]

---

[58] Vgl. Damodaran, 2018, S. 178; Vgl. Hasler, 2013, S.17; Vgl. Copeland et al., 2002, S. 266

[59] Vgl. Hasler, 2013, S. 17-18; Vgl. Dörschell, Andreas et al.: Kapitalkosten 2010 für die Unternehmensbewertung. Branchenanalysen für Betafaktoren, Fremdkapitalkosten und Verschuldungsgrade, Düsseldorf, 2010, S. 37; Vgl. Wiese, 2013, S. 284

[60] Vgl. IDW: Neue Kapitalkostenempfehlungen des FAUB, in: IDW Aktuell, 25.10.2019, [online] https://www.idw.de/idw/idw-aktuell/neue-kapitalkostenempfehlungen-des-faub/120158 [18.01.2021]

[61] Vgl. Mandl/Rabel, 1997, S. 297

$$\beta = \frac{\text{Cov}(r_i, r_p)}{\sigma^2_{r_p}} \qquad (12)$$

Mit

r_i = Rendite des Wertpapiers

Der Betafaktor gibt somit die Schwankungsbreite des Wertpapiers in Relation zur Schwankungsbreite des Marktes an. Ein Beta in Höhe von 1 bedeutet, dass die erwartete Eigenkapitalrendite des Wertpapiers der Rendite des Marktportefeuille entspricht.

Die Wertpapiermarktlinie stellt den Zusammenhang zwischen dem Betafaktor und der erwarteten Rendite eines Wertpapiers grafisch dar. Die Wertpapiermarktlinie wird im Englischen als Security Market Line bezeichnet. Abbildung 8 zeigt, dass eine Übernahme von zusätzlichen systematischen Risiken linear mit einer Erhöhung der Renditeforderung einhergeht.[62]

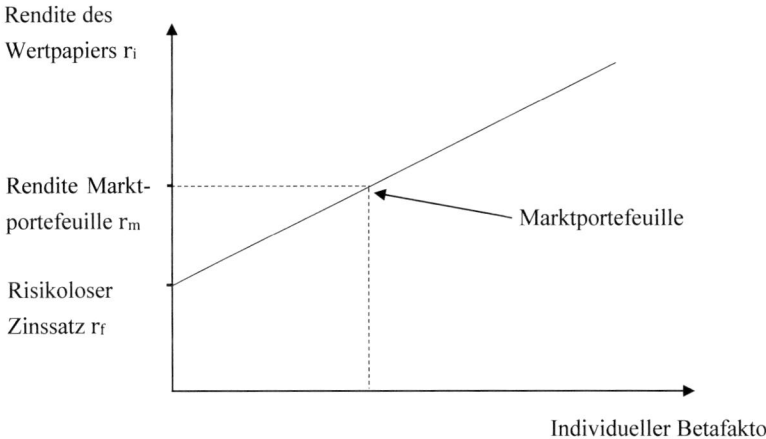

Abbildung 8: Wertpapiermarktlinie

---

[62] Vgl. Dörschell et al., 2010, S. 10-11

Pankoke/Petersmeier argumentieren, dass der Betafaktor eines Unternehmens von den folgenden drei Variablen bestimmt wird.

Der **Unternehmenssektor** beeinflusst den Betafaktor maßgeblich. Es wurde empirisch festgestellt, dass Unternehmen in weniger zyklischen Branchen gegenüber Unternehmen in zyklischen Industriesektoren in der Regel einen geringeren Betafaktor aufweisen. Dies kann auf die Nachfrage der Güter und die Ertragsstabilität in Rezessionen zurückgeführt werden. Zu den weniger zyklischen Branchen gehören z. B. die Lebensmittel- und Getränkeindustrie, da die Nachfrage nach diesen Gütern auf den Grundbedürfnissen der Bevölkerung beruhen.[63]

Die **Kostenstruktur** eines Unternehmens und damit das Verhältnis von fixen zu variablen Kosten beeinflusst ein Unternehmen ebenso. Die Fixkosten pro Stück werden bei Umsatzrückgängen steigen, was wiederum das Betriebsergebnis belastet.[64]

Der **Verschuldungsgrad** führt zu einer Zunahme des finanzwirtschaftlichen Risikos für die Eigenkapitalgeber, da die Fremdkapitalkosten das Betriebsergebnis belasten.[65]

In der Praxis wird der Betafaktor meist über eine Regressionsgerade zwischen historischen Renditen eines Wertpapiers und den Renditen eines breit gestreuten Aktienindex ermittelt. Die Steigung entspricht dem Betafaktor und gibt an, wie sich eine Aktie in Relation zur Marktbewegung verhalten hat. Die Marktbewegung kann durch die bereits genannten Aktienindizes approximiert werden.[66]

Das der Regression zugrunde gelegte Zeit- und Renditeintervall spielt dabei eine wichtige Rolle. Längere Zeitintervalle sprechen grundsätzlich für eine aussagekräftigere Regression, wohingegen die Aktualität der Daten mit zunehmender Länge des Zeitraums sinkt. Grundsätzlich sollten über lange Schätzperioden, bspw. fünfjährige, ermittelte Betafaktoren den in der Praxis häufig angegebenen Jahres Betas (250-Tage-Betas) vorgezogen werden. Für zyklische Unternehmen sollte zumindest ein vollständiger Zyklus im Zeitintervall abgebildet werden. Dabei ist jedoch darauf zu achten, dass sich das Unternehmen im Laufe des Zeitintervalls in seiner Branchenzugehörigkeit nicht verändert hat.[67]

Das Renditeintervall, also die Periodizität der Datenerhebung, stellt die zweite Komponente bei der Regression dar. In der Praxis wird häufig ein wöchentliches Renditeintervall festgelegt, da Tagesdaten von Sondereinflüssen abhängen und Monatsdaten nicht zeitnah sind.[68]

---

[63] Vgl. Pankoke/Petersmeier, 2009, S. 120
[64] Vgl. Pankoke/Petersmeier, 2009, S. 120
[65] Vgl. Mandl/Rabel, 1997, S. 299; Vgl. Pankoke/Petersmeier, 2009, S. 120
[66] Vgl. Damodaran, 2018, S. 42; Vgl. Pankoke/Petersmeier, 2009, S. 123
[67] Vgl. Pankoke/Petersmeier, 2009, S. 123; Vgl. Wiese, 2013, S. 286; Vgl. Mandl/Rabel, 1997, S. 298
[68] Vgl. Pankoke/Petersmeier, 2009, S. 123

Damodaran empfiehlt für Unternehmen, welche nicht an der Börse gehandelt werden, die Ermittlung eines Bottom-Up-Betas. Dieser Bottom-Up-Beta wird auf Basis des durchschnittlichen Betafaktors der entsprechenden Branche gebildet und dann an die aktuelle Kapitalstruktur des zu bewertenden Unternehmens angepasst.[69] Dies erfolgt über das sogenannte Unlevern und Relevern des Betas. Abbildung 9 beschreibt das Vorgehen zur Ermittlung des Bottom-Up betas.

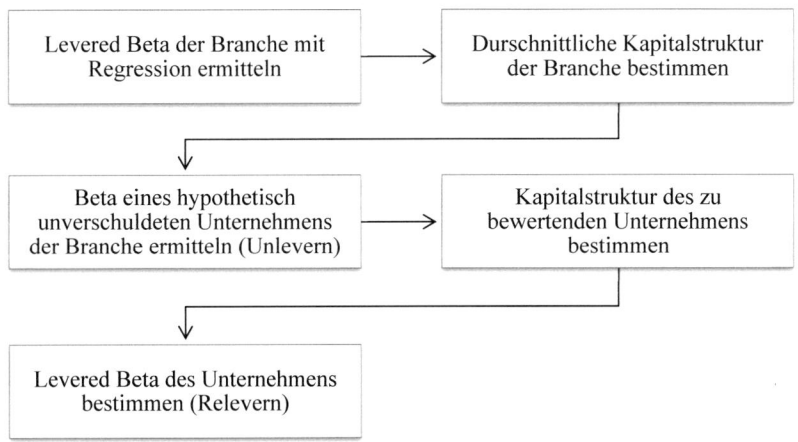

Abbildung 9: Bottom-Up-Beta bestimmen

Im ersten Schritt werden die Betafaktoren von Unternehmen derselben Branche mit Regressionsgeraden ermittelt und ein Durchschnittsbeta gebildet. Die über Regression ermittelten Betafaktoren werden auch als levered Betas bezeichnet, da diese in der Regel von verschuldeten, also gehebelten (levered), börsennotierten Unternehmen abgeleitet wurden.

Im nächsten Schritt wird der durchschnittliche Verschuldungsgrad der Branche ermittelt und anhand Formel (13) der unlevered Branchenbeta berechnet. Dieser unlevered Branchenbeta stellt den Betawert eines unverschuldeten Unternehmens der Branche dar. Die unlevered Branchenbetas verschiedener Sektoren können auf der Website der NYU Stern School of Business eingesehen werden.[70] Im letzten Schritt wird die Kapitalstruktur des zu bewertenden Unternehmens ermittelt und der unternehmensspezifische levered Beta berechnet.[71]

---

[69] Vgl. Damodaran, 2018, S. 42

[70] Vgl. Damodaran, Aswath: Betas by Sector (US), in: NYU Stern School of Business, Januar 2021, [online] http://pages.stern.nyu.edu/~adamodar/New_Home_Page/datafile/Betas.html [20.01.2021]

[71] Vgl. Damodaran, 2018, S. 42-44; Vgl. Dörschell et al., 2010, S. 16

$$\beta_u = \frac{\beta_l}{(1 + (1 - \tau) \times \frac{FK_{MW}}{EK_{MW}})} \tag{13}$$

Mit

β_l = Levered Beta

$\frac{FK_{MW}}{EK_{MW}}$ = Verschuldungsgrad zu Marktwerten

β_u = Unlevered Beta

Dieses Verfahren findet auch bei Unternehmen Anwendung, bei welchen zukünftig ein erhöhter oder verringerter Verschuldungsgrad unterstellt wird. Anhand Formel (13) kann dann die Auswirkung auf den Betafaktor berechnet werden, welcher wiederum die Eigenkapitalkosten beeinflusst.[72]

2.3.3.2 Ermittlung der Fremdkapitalkosten

Damodaran schlägt zur Ermittlung der Fremdkapitalkosten drei Varianten vor. Falls ein Unternehmen über börsennotierte Anleihen verfügt, können die effektiven Verzinsungen der Anleihen aus den aktuellen Kursen und den vertraglich festgehaltenen Zinsen ermittelt werden. Dies hat den Vorteil, dass die Renditeforderungen der Fremdkapitalgeber tagesaktuell ermittelt werden.[73]

Die zweite Variante kann für Unternehmen angewendet werden, welche nicht über börsennotierte Anleihen verfügen, jedoch von Ratingagenturen wie z. B. S&P oder Moody's bewertet wurden. Anhand dieser Ratings kann eine Risikoprämie von Anleihen mit demselben Rating abgeleitet werden.[74] Die Risikoprämie wird als Default Spread angegeben. Formel (14) stellt den mathematischen Zusammenhang zwischen Default Spread, dem risikolosen Zinssatz und den Fremdkapitalkosten dar.

---

[72] Vgl. Damodaran, 2018, S. 42
[73] Vgl. Dörschell et al., 2010, S. 16; Vgl. Damodaran, 2018, S. 44
[74] Vgl. Damodaran, 2018, S. 44-45

$$r_{FK} = r_f + DS \qquad\qquad (14)$$

Mit

DS   = Default Spread

Falls das Unternehmen nicht von einer Ratingagentur bewertet wurde und über keine börsennotierten Anleihen verfügt, kann ein synthetisches Rating ermittelt werden. Damodaran schlägt zur Herleitung des Default Spread die Berechnung des Zinsdeckungsgrad
ZDG nach Formel (15) vor. Die Daten können den Geschäftsberichten entnommen werden.[75]

$$ZDG = \frac{EBIT}{i} \qquad\qquad (15)$$

Mit

ZDG   = Zinsdeckungsgrad

i   = Zinsaufwendungen

Der Zusammenhang zwischen Zinsdeckungsgrad und Rating wird von Damodaran an-
hand aller, von Ratingagenturen bewerteten, US-Unternehmen und dem unternehmens-
spezifischen Zinsdeckungsgrad ermittelt. Abbildung 10 stellt den durchschnittlichen
Zinsdeckungsgrad von US-Unternehmen, mit einer Marktkapitalisierung größer 5 Mrd.
USD, nach Ratingeinstufung zum Januar 2021 dar. Die aktuellen Daten werden auf der
Website der NYU Stern School of Business veröffentlicht.[76]

---

[75] Vgl. Damodaran, 2018, S. 45

[76] Vgl. Damodaran, Aswath: Ratings, Interest Coverage Ratios and Default Spread, in: NYU Stern School
of Business, Januar 2021, [online] http://people.stern.nyu.edu/adamodar/New_Home_Page/datafile/rat-
ings.htm [23.01.2021]

Zinsdeckungsgrad	Rating	Default Spread
> 8,50	Aaa/AAA	0,63%
6,50 bis 8,49	Aa2/AA	0,78%
5,50 bis 6,49	A1/A+	0,98%
4,25 bis 5,49	A2/A	1,08%
3,00 bis 4,24	A3/A-	1,22%
2,50 bis 2,99	Baa2/BBB	1,56%
2,25 bis 2,49	Ba1/BB+	2,00%
2,00 bis 2,24	Ba2/BB	2,40%
1,75 bis 1,99	B1/B+	3,51%
1,50 bis 1,74	B2/B	4,21%
1,25 bis 1,49	B3/B-	5,15%
0,80 bis 1,24	Caa/CCC	8,20%
0,65 bis 0,79	Ca2/CC	8,64%
0,20 bis 0,64	C2/C	11,34%
-100000 bis 0,19	D2/D	15,12%

Abbildung 10: Zusammenhang Zinsdeckungsgrad, Rating und Default Spread

Des Weiteren argumentiert Peter Tilo Hasler, dass, wenn davon ausgegangen werden kann, dass sich das Risikoprofil eines Unternehmens seit der letzten Anleiheemission oder Darlehensaufnahme nicht verändert hat, der damals vereinbarte Zinssatz als Fremd-kapitalkostensatz verwendet werden kann.[77]

2.3.3.3 Kapitalstruktur

Die Kapitalstruktur nimmt bei der Ermittlung der gewichteten Kapitalkosten eine zentrale Rolle ein und sollte nicht auf Basis von Buchwerten, sondern aus den Marktwerten des Eigen- und Fremdkapitals ermittelt werden. Für börsennotierte Unternehmen stellt die Marktkapitalisierung den Marktwert des Eigenkapitals dar. Dabei sollte keinesfalls ein

---

[77] Vgl. Hasler, 2013, S. 47

vergangenheitsorientierte oder durchschnittliche Marktkapitalisierung verwendet werden.[78]

Bei der Ermittlung des Fremdkapitalmarktwertes ist eine Abgrenzung der zinstragenden
und nicht zinstragenden Fremdkapitalbestände vorzunehmen. Darlehen, Anleihen, kurz-
und langfristige Bankkredite und Leasingfinanzierungen werden von Mandl/Rabel als
zinstragendes Fremdkapital definiert. Andere Positionen wie z. B. Lieferverbindlichkei-
ten, Kundenanzahlungen oder Rückstellungen werden unter vereinfachten Annahmen zur
Berechnung der gewichteten Kapitalkosten nicht erfasst. Pensionsrückstellungen sind
dem zinstragenden Fremdkapital zuzuweisen, falls das Unternehmen Zinsaufwendungen
für Pensionsrückstellungen nicht als Personalaufwand verbucht.[79]

Falls die einzelnen zinstragenden Fremdkapitalpositionen zu marktüblichen Konditionen
abgeschlossen wurden, entspricht der Marktwert dem nominellen Rückzahlungsbetrag
und daher dem Buchwert. Die marktüblichen Konditionen entsprechen den ermittelten
Fremdkapitalkosten r_{FK}.[80]

Bei börsennotierten Anleihen kann der aktuelle Marktpreis als Marktwert der Fremdka-
pitalposition verwendet werden. Falls die Fremdkapitalpositionen nicht am Markt gehandelt werden, kann eine vereinfachte Marktwertbestimmung der Fremdkapitalpositionen
durchgeführt werden. Dabei werden alle zinstragenden Fremdkapitalpositionen zusammengefasst und als eine einzelne Kuponanleihe angesehen. Falls die Konditionen und
Fälligkeiten der zusammengefassten Fremdkapitalpositionen nicht aus den Geschäftsberichten hervorgehen, kann die durchschnittliche Laufzeit dieser Kuponanleihe geschätzt
werden und die jährlichen Zinsaufwendungen i aus den Geschäftsberichten abgeleitet
werden. Mit Formel (16) kann somit der Marktwert aller zinstragenden Fremdkapitalpositionen bestimmt werden.[81]

---

[78] Vgl. Seppelfricke, 2007, S. 73; Vgl. Hasler, 2013, S. 35; Vgl. Dörschell et al., 2010, S. 62; Vgl. Damodaran, 2018, S. 46

[79] Vgl. Schacht/Fackler, 2009, S. 221; Vgl. Mandl/Rabel, 1997, S. 327

[80] Vgl. Mandl/Rabel, 1997, S. 327

[81] Vgl. Damodaran, Aswath: Estimating the market value of debt, in: NYU Stern School of Business, [online] http://pages.stern.nyu.edu/~adamodar/New_Home_Page/valquestions/mktvalofdebt.htm [24.01.2021]; Vgl. Baetge et al., 2015, S. 363; Vgl. Mandl/Rabel, 1997, S. 327

$$FK_{MW} = i \times \frac{1 - \frac{1}{(1 + r_{FK})^m}}{r_{FK}} + \frac{FK_{BW}}{(1 + r_{FK})^m} \qquad (16)$$

Mit

m   = Durchschnittliche Laufzeit der Fremdkapitalpositionen

FK_{BW} = Summe aus allen zinstragenden Fremdkapitalpositionen

Das Verhältnis aus den ermittelten Marktwerten des Eigen- und Fremdkapitals stellt die Kapitalstruktur zu einem Stichtag dar. In der Regel ändern sich diese Kapitalstrukturen im Zeitverlauf. Peter Tilo Hasler argumentiert, dass diese sich den Industriedurchschnitten annähern werden. Es wird empfohlen, die aktuelle Kapitalstruktur über die Detailplanungsphase einer Zielstruktur anzupassen und daher periodenspezifische Kapitalkosten zu berechnen.[82]

2.3.4 Der Restwert RW

Falls davon ausgegangen werden kann, dass ein Unternehmen nach der Detailplanungsphase liquidiert wird, sind zur Bestimmung des Restwertes RW die Liquidationserlöse der Vermögensgegenstände zu ermitteln. Wird von einem Fortbestehen des Unternehmens ausgegangen, kann der Restwert nach Formel (17) berechnet werden. Das Unterstellen der unendlichen Existenz eines Unternehmens wird auch als Going Concern bezeichnet. Der Restwert entspricht dem Wert der erwarteten Cashflows nach der Detailplanungsphase.[83]

$$RW_{FCF,T} = \frac{FCF_{T+1}}{WACC_{RW} - G_{RW}} \qquad (17)$$

Mit

$WACC_{RW}$ = Gewogener durchschnittlicher Kapitalkostensatz in der Reifephase

G_{RW} = Konstante Wachstumsrate der Cashflows in der Reifephase

---

[82] Vgl. Hasler, 2013, S. 37; Vgl. Damodaran, 2018, S. 47
[83] Vgl. Copeland et al., 2002, S. 324-327; Vgl. Hasler, 2013, S. 38; Vgl. Seppelfricke, 2007, S. 84

Der gewogene durchschnittliche Kapitalkostensatz ist in der Reifephase konstant und sollte daher die langfristig zu erwartende Kapitalstruktur des Unternehmens berücksichtigen. Falls in der Reifephase eine konstante EBIT-Marge, ein konstanter Steuersatz und eine konstante Reinvestitionsquote unterstellt wird, entspricht die Wachstumsrate der Cashflows der Wachstumsrate des Umsatzes.

Dieser hängt nach Seppelfricke von der Inflation, dem realen Wirtschaftswachstum und der Positionierung des Unternehmens ab. Wird angenommen, dass die Wachstumsrate G_{RW} der Inflationsrate entspricht, wird ein inflationsneutrales Wachstum realisiert. Damit wird bei konstanter EBIT-Marge davon ausgegangen, dass die Preisentwicklungen auf den Beschaffungs- und Absatzmärkten analog verlaufen. Es wurde jedoch empirisch beobachtet, dass die Inflationsrate nicht zwangsweise die Untergrenze der Wachstumsrate darstellt.[84]

Das reale Wirtschaftswachstum, also das Wachstum der Volkswirtschaft, stellt für das reale Unternehmenswachstum die Höchstgrenze dar. Dies begründet sich darin, dass ein Unternehmen, mit einer dauerhaft höheren Wachstumsrate als die Volkswirtschaft, die Größe der Volkswirtschaft zu einem Zeitpunkt übertreffen würde. Damit kann die Wachstumsrate des Umsatzes maximal der Summe aus Inflationsrate und der Wachstumsrate des Bruttoinlandsprodukts (BIP) entsprechen. Dabei sollte die ausgewählte BIP-Wachstumsrate von den Hauptabsatzmärkten des Unternehmens abgeleitet werden.[85]

Individuelle Stärken und Schwächen des Unternehmens können bei der Ermittlung der Wachstumsrate miteinbezogen werden. Verfügt das Unternehmen über langfristige Wettbewerbsvorteile, sollten diese in der Schätzung der Wachstumsrate berücksichtigt werden. Für Unternehmen, welche über keine außergewöhnlichen Wettbewerbsvorteile verfügen oder sich in einem real schrumpfenden Markt befinden, kann eine Wachstumsrate von null oder eine negative Wachstumsrate begründet werden.[86]

2.3.5 Der Shareholder Value und der Wert pro Aktie

Um den Shareholder Value SV, also den Wert des Eigenkapitals bzw. Equity Value, zu bestimmen, muss der Gesamtwert GK_{MW} um die Marktwerte des zinstragenden Fremdkapitals, Pensionsrückstellungen, nicht operative Vermögenswerte, Minderheitsbeteiligungen, Mitarbeiteroptionen und potenzielle Verbindlichkeiten bereinigt werden.

Der so berechnete Wert des Eigenkapitals SV muss nicht der aktuellen Marktkapitalisierung des Unternehmens entsprechen. Er stellt dar, welchen Wert das Eigenkapital bei den getroffenen Annahmen einnimmt. Formel (18) stellt den Zusammenhang zwischen dem

---

[84] Vgl. Seppelfricke, 2007, S. 86-88
[85] Vgl. Seppelfricke, 2007, S. 88
[86] Vgl. Seppelfricke, 2007, S. 88-89

Gesamtkapitalwert GK$_{MW}$ und dem Shareholder Value SV dar. Der Quotient aus Shareholder Value und allen ausstehenden Aktien ergibt den Wert pro Aktie.[87]

$$SV = GK_{MW} - FK_{MW} - PR_{MW} + NOV_{MW} \pm MB_{MW} - MO_{MW} - PV_{MW} \qquad (18)$$

Mit

SV   = Shareholder Value

PR$_{MW}$ = Pensionsrückstellungen zum Marktwert

NOV$_{MW}$ = Nicht operative Vermögensgegenstände zum Marktwert

MB$_{MW}$ = Saldo aus den Marktwerten von Minderheitsbeteiligungen

MO$_{MW}$ = Mitarbeiteroptionen zum Marktwert

PV$_{MW}$ = Potenzielle Verbindlichkeiten zum Marktwert

Der Marktwert des zinstragenden Fremdkapitals FK$_{MW}$ wurde bereits bei der Ermittlung der gewogenen durchschnittlichen Kapitalkosten berechnet. Falls Pensionsrückstellungen dabei nicht einbezogen wurden, sind diese im Rahmen der Shareholder Value Berechnung zu berücksichtigen. Auch wenn diese als nicht zinstragend angesehen werden, stellen sie einen Anspruch der Mitarbeiter an das Unternehmen dar und haben daher Schuldcharakter.[88]

Die nicht betriebsnotwendigen Vermögensgegenstände werden bei der Berechnung des Gesamtwerts nicht berücksichtigt, da dieser beim FCF-Verfahren auf Basis des Betriebsergebnis berechnet wird. Diese Vermögenswerte sind daher auf den ermittelten Gesamtwert zu addieren. Zu dem nicht betriebsnotwendigen Vermögen gehören neben ca. 98% des Kassenbestands auch die Marktwerte von z. B. spekulativen Vorratsbeständen oder nicht operativ genutzten Sachanlagen. Aus Gründen der Einfachheit wird in der Praxis häufig nur der Kassenbestand als nicht betriebsnotwendig angesehen.[89]

Die Einflüsse aus Minderheitsbeteiligungen, also Beteiligungen des Unternehmens an anderen Firmen unter 50%, werden nicht im Gesamtwert berücksichtigt. Diese Beteiligungen sind grundsätzlich at-equity oder at-cost in der Bilanz verbucht. Aufgrund der Konsistenz des FCF-Modells sind auch für diese Beteiligungen die aktuellen Marktwerte zu ermitteln und auf den Gesamtwert des Unternehmens hinzuzuaddieren. Im Falle einer

---

[87] Vgl. Damodaran, 2018, S. 61; Vgl. Born, 2003, S. 131; Vgl. Dörschell et al., 2010, S. 63

[88] Vgl. Hasler, 2013, S. 27 sowie S. 47-50; Vgl. Damodaran, 2018, S, 60; Vgl. Born, 2003, S. 131; Vgl. Mandl/Rabel, 1997, S. 345

[89] Vgl. Hasler, 2013, S. 27 sowie S. 47-49; Vgl. Damodaran, 2018, S. 60; Vgl. Born, 2003, S. 131

vollkonsolidierten Tochtergesellschaft, an welcher das Unternehmen keine 100% der Anteile hält, sind die Marktwerte der Minderheitsanteile vom Gesamtkapitalwert GK$_{MW}$ abzuziehen. Dies wird dadurch begründet, dass aufgrund der Vollkonsolidierung alle Vermögenswerte der Tochtergesellschaft in die Bilanz und Gewinn- und Verlustrechnung der Muttergesellschaft eingehen. Da aber nicht 100% der Vermögenswerte der Muttergesellschaft zustehen, sind die Marktwerte der nicht gehaltenen Anteile vom Gesamtkapitalwert GK$_{MW}$ abzuziehen.[90]

Falls das Unternehmen Mitarbeiteroptionen ausgegeben hat, sind diese als Forderung der Mitarbeiter anzusehen. Damit verringern Sie den Wert des Eigenkapitals und sind vom Gesamtkapitalwert GK$_{MW}$ abzuziehen. In der Praxis wird häufig die Anzahl der ausstehenden Aktien um die Anzahl der Optionen erhöht, wobei eine Bewertung der Optionen nach einem Optionspreismodell empfohlen wird.[91]

Auch potenzielle Verbindlichkeiten stellen Ansprüche Dritter an das Unternehmen dar und müssen daher vom Gesamtkapitalwert GK$_{MW}$ abgezogen werden. Dies können z. B. Kosten aus Rechtsstreitigkeiten oder unterfinanzierten Pensionsrückstellungen sein.[92]

2.3.6 Abgrenzung zu anderen DCF-Verfahren

2.3.6.1 TCF-Verfahren

Das Total Cashflow Verfahren ermittelt, analog zum FCF-Verfahren, im ersten Schritt die Bruttokapitalisierung, also den Gesamtkapitalwert GK$_{MW}$. Das TCF-Verfahren ist dem FCF-Verfahren daher sehr ähnlich. In beiden Verfahren werden die gewichteten durchschnittlichen Kapitalkosten nach dem WACC-Ansatz ermittelt. Das TCF-Verfahren hat in der internationalen Bewertungspraxis wenig Bedeutung. In Deutschland findet die Methode jedoch häufig Anwendung, da diese die Besonderheiten des deutschen Steuergesetzes erfassen kann.[93]

Beim TCF-Verfahren werden die steuermindernden Effekte der Fremdkapitalzinsen bereits in der Berechnung des Total Cashflows erfasst. Die Total Cashflows sind höher als die Free Cashflows, da beim FCF-Verfahren das EBIT als Bezugsgröße für die Steuerlast verwendet wird. Die erhöhte Steuerlast wird beim FCF-Verfahren durch Kürzung der Fremdkapitalkosten im Diskontierungsfaktor ausgeglichen.[94]

---

[90] Vgl. Hasler, 2013, S. 48; Vgl. Damodaran, 2018, S, 60

[91] Vgl. Damodaran, 2018, S, 60; Vgl. Copeland et al., 2002, S. 256-257

[92] Vgl. Damodaran, 2018, S, 60

[93] Vgl. Schacht/Fackler, 2009, S. 223-224; Vgl. Baetge et al., 2015, S. 364

[94] Vgl. Schacht/Fackler, 2009, S. 223-224; Vgl. Baetge et al., 2015, S. 364; Vgl. Mugler/Zwirner, 2013, S. 309

Im Gegensatz zum FCF-Verfahren erfordert das TCF-Verfahren eine detaillierte Planung des Fremdkapitalbestands, um die Steuervorteile korrekt zu erfassen.

2.3.6.2 APV-Verfahren

Das Adjusted-Present-Value Verfahren basiert ebenso auf der Bruttokapitalisierung von Unternehmen und findet in der Praxis wenig Bedeutung. Der Ansatz bietet hohe Transparenz und wird vor allem bei der Bewertung von Unternehmen eingesetzt, welche von Illiquidität betroffen sind oder bei Unternehmen für welche kein Going Concern unterstellt werden kann. Bei dem APV-Verfahren werden die wertbeeinflussenden Faktoren eines Unternehmens einzeln ermittelt. Somit kann festgestellt werden, in welcher Höhe das operative Geschäft oder die Finanzierungsstruktur, z. B. Steuervorteile aufgrund von Fremdkapitalkosten, den Wert des Unternehmens bestimmen.[95]

Das APV-Verfahren ermittelt den Gesamtwert eines Unternehmens komponentenweise. Im ersten Schritt wird dem Unternehmen eine vollständige Eigenfinanzierung unterstellt, der Gesamtwert nach der Barwertmethode ermittelt und mit dem Marktwert des nicht betriebsnotwendigen Vermögens korrigiert.

Im zweiten Schritt werden die erwarteten Steuervorteile durch die Aufnahme von Schulden bestimmt. Dabei werden die Barwerte der Steuerersparnisse ermittelt. Abschließend wird die Summe aus dem Marktwert des unverschuldeten Unternehmens und dem Marktwert der Steuervorteile um den Marktwert des Fremdkapitals bereinigt, um den Shareholder Value zu erhalten.[96]

	Barwert der Free Cashflows bei 100% Eigenfinanzierung
+	Marktwert des nicht betriebsnotwendigen Vermögens
	Marktwert des unverschuldeten Unternehmens
+	Marktwert der Steuervorteile durch Fremdfinanzierung
	Marktwert des Gesamtkapitals des verschuldeten Unternehmens
−	Marktwert des verzinslichen Fremdkapitals
	Shareholder Value

Abbildung 11: Vorgehensweise des APV-Verfahrens[97]

---

[95] Vgl. Schacht/Fackler, 2009, S. 225; Vgl. Mugler/Zwirner, 2013, S. 303; Vgl. Baetge et al., 2015, S. 364-365

[96] Vgl. Damodaran, 2018, S. 67-68; Vgl. Mugler/Zwirner, 2013, S. 303; Vgl. Baetge et al., 2015, S. 364-365, Vgl. Hasler, 2013, S. 52; Vgl. Schacht/Fackler, 2009, S. 225; Vgl. Mandl/Rabel, 1997, S. 42

[97] Vgl. Mandl/Rabel, 1997, S. 42

2.3.6.3 FTE-Verfahren

Das Flow-to-Equity Verfahren berechnet den Shareholder Value unmittelbar durch die Diskontierung der Cashflows, welche den Eigenkapitalgebern zufließen können. Diese Cashflows, auch Cashflows to Equity genannt, entsprechen grundsätzlich nicht der Höhe der Dividendenzahlungen, da diese Cashflows alternativ zur Ausschüttung auch im Unternehmen thesauriert werden können.[98]

Die Cashflows to Equity berücksichtigen im Gegensatz zu den Free Cashflows die Finanzierungsstruktur des Unternehmens. Der Zusammenhang wird in Abbildung 12 dargestellt.[99]

	Free Cashflow
–	Fremdkapitalzinsen
+	Steuervorteile der Fremdkapitalzinsen
+	Aufnahme von verzinslichem Fremdkapital
–	Tilgung von verzinslichem Fremdkapital
	Cashflow to Equity

Abbildung 12: Berechnung der Cashflows to Equity

Die prognostizierten Cashflows to Equity müssen mit der geforderten Eigenkapitalrendite diskontiert werden. Die Berechung der Eigenkapitalrendite kann analog zum FCF-Verfahren anhand des CAPM erfolgen. Die Summe aus den Barwerten der Cashflows und den nicht betriebsnotwendigen Vermögensgegenstände ergibt den Shareholder Value.[100]

	Barwert der Cashflows to Equity
+	Marktwert des nicht betriebsnotwendigen Vermögens
	Shareholder Value

Abbildung 13: Berechnung des Shareholder Value nach dem FTE-Verfahren

---

[98] Vgl. Mugler/Zwirner, 2013, S. 310; Vgl. Hasler, 2013, S. 25; Vgl. Mandl/Rabel, 1997, S. 41
[99] Vgl. Mandl/Rabel, 1997, S. 40-41
[100] Vgl. Mandl/Rabel, 1997, S. 41

2.4   Zusammenfassung

In der Literatur ist unbestritten, dass die DCF-Verfahren die theoretisch korrekten Methoden für die Unternehmenswertbestimmung darstellen. Damodaran beschreibt den ermittelten Unternehmenswert auch als den intrinsischen Wert, da dieser anhand den Fundamentaldaten abgeleitet wurde.[101]

Mit den DCF-Verfahren können profitable und unprofitable Unternehmen sowie junge und etablierte Unternehmen bewertet werden. Die DCF-Verfahren stellen eine flexible Möglichkeit dar, einen Unternehmenswert zu ermitteln und zu argumentieren. Außerdem hängt der Unternehmenswert dabei immer vom Liquiditätszufluss ab und nicht von einer von Ermessensentscheidungen abhängigen Größe wie z. B. Gewinn oder Dividende.[102]

Außerdem können erwartete Veränderungen der Umwelt und des Unternehmens dargestellt werden. Die Höhe der Zahlungsströme sowie die damit verbundenen Risiken werden anschaulich beim DCF-Verfahren berücksichtigt. Ein potenzieller Investor muss sich daher ausführlich mit dem Unternehmen, der Branche und der Umwelt beschäftigen, um nachvollziehbare Annahmen hinsichtlich der Kernelemente Cashflow, Diskontierungsrate, Wachstumserwartung und Restwert festzulegen.[103]

Das Festlegen der Annahmen stellt auf der anderen Seite ein Kernproblem der DCF-Verfahren dar. Die Zukunft kann nie eindeutig vorhergesagt werden. Daher muss dargestellt werden, wie sich Veränderungen des Wachstums oder der Kapitalstruktur im Modell auswirken können. In der Literatur werden dazu verschiedene Verfahren beschrieben wie z. B. die Szenariotechnik, Entscheidungsbaumverfahren, Sensitivitätsanalysen oder die Monte Carlo Simulationen.[104]

---

[101] Vgl. Hasler, 2013, S. 50-51; Vgl. Damodaran, 2018, S. 73-74; Vgl. Mugler/Zwirner, 2013, S. 312

[102] Vgl. Hasler, 2013, S. 50-51, Vgl. Damodaran, 2018, S. 73-74; Vgl. Mugler/Zwirner, 2013, S. 312

[103] Vgl. Damodaran, 2018, S. 59; Vgl. Hasler, 2013, S. 51

[104] Vgl. Copeland et al., 2002, S. 358; Vgl. Damodaran, 2018, S. 75

3   Szenariotechnik

Die Prognose der Geschäftsentwicklung ist immer mit einer Unsicherheit behaftet. Die Szenariotechnik bietet die Möglichkeit, die Risiken einer Unternehmung in transparenter Weise darzustellen und den Unternehmenswert unter verschiedenen Szenarien zu ermitteln.[105]

Gausemeier/Fink/Schlake beschreiben ein Szenario als ein mögliches Zukunftsbild, dessen Eintreten nicht mit Sicherheit vorhergesagt werden kann. Im Rahmen der Unternehmensbewertung, stellen Szenarien plausible, konsistente und für das Unternehmen relevante Zukunftsbilder dar. Die Szenarien werden auf Basis von bedeutsamen Einflussfaktoren und deren gegenseitigen Wechselwirkungen gebildet. Szenarien beschreiben zukünftige Situationen, damit sich der Investor ein Bild von der möglichen Unternehmenssituation und dem Marktumfeld machen kann.[106]

Das Ziel der Szenariotechnik ist nicht die exakte Prognose der Einflüsse auf das Unternehmen wie bspw. die Maßnahmen der Wettbewerber, das Verhalten der Zulieferer und Kunden oder technische Entwicklungen und die genauen Kosteneinsparungen. Es soll vielmehr offengelegt werden, welche Möglichkeiten und Risiken in dem zukünftigen Unternehmensumfeld stecken können. Dabei werden Szenarien ermittelt, welche z. B. Einfluss auf die Ertragskraft der Branche oder die finanzielle Leistungsfähigkeit des Unternehmens haben können.[107]

Die potenziellen denkbaren Szenarien können visuell in Form eines Szenario-Trichters dargestellt werden. In Abbildung 14 stellen die Ränder des Trichters den Verlauf der beiden extremen Szenarien dar. Grundsätzlich sind neben den eingezeichneten Szenarien weitere Zukunftsbilder denkbar. Der Querschnitt des Trichters repräsentiert optimalerweise alle zu einem Stichtag möglichen Szenarien. In der Praxis werden jedoch aufgrund der benötigten Kapazitäten und des Informationsbedarfs lediglich wenige Szenarien entwickelt. Charles Roxburgh argumentiert, dass mindestens vier Szenarien entwickelt werden sollten. In der Literatur herrscht jedoch keine Einigkeit über die Anzahl der Szenarien.[108]

---

[105] Vgl. Damodaran, 2018, S. 75; Vgl. Seppelfricke, 2007, S. 322

[106] Vgl. Gausemeier, Jürgen et al.: Szenario-Management: Planen und Führen mit Szenarien, 2. Auflage, München, 1996, S. 90; Vgl. Hayn, 2000, S. 341

[107] Vgl. Hayn, 2000, S. 342

[108] Vgl. Gausemeier et al., 1996, S. 91 sowie S. 273; Vgl. Smeets, Mario: Besonderheiten bei der Bewertung junger Unternehmen, Wiesbaden, 2018, S.62; Vgl. Roxburgh, Charles: The use and abuse of scenarios, in: McKinsey & Company, 01.11.2009, [online] https://www.mckinsey.com/business-functions/strategy-and-corporate-finance/our-insights/the-use-and-abuse-of-scenarios# [05.01.2021]

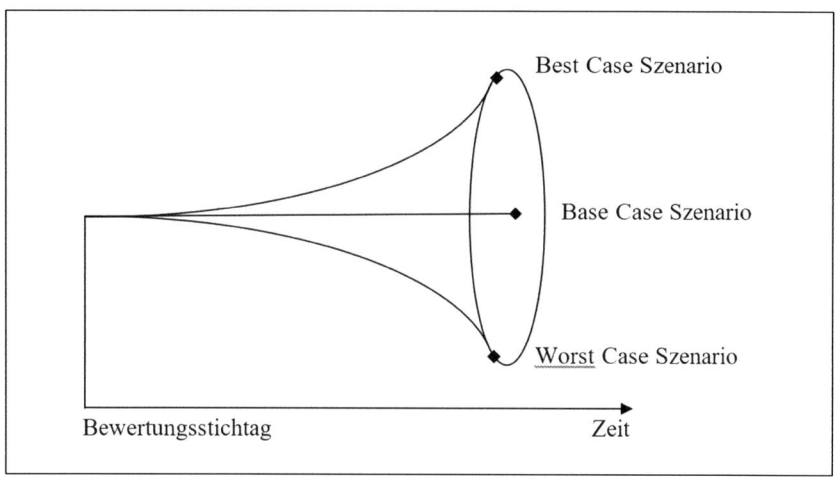

Abbildung 14: Szenario-Trichter

In der Literatur werden verschiedene Vorgehen für die Anwendung der Szenariotechnik im Rahmen der Unternehmensbewertung beschrieben. Hayn unterteilt die Szenariotechnik in die folgenden drei Schritte.[109]

- Analyse-Phase
- Ermittlung der Entwicklungstendenzen der Schlüsselfaktoren
- Synthese-Phase

3.1 Analyse-Phase

In der Analyse-Phase wird im ersten Schritt der Untersuchungsgegenstand ermittelt. Im Hintergrund der Unternehmensbewertung ist dies grundsätzlich das gesamte Unternehmen. Der Untersuchungsgegenstand kann aber auch eine einzelne strategische Geschäftseinheit des Unternehmens sein. Neben der Bestimmung des Untersuchungsgegenstands sind auch die auf ein Unternehmen wirkenden Einflussfaktoren zu bestimmen.[110]

Im Rahmen der Analyse-Phase muss eine Analyse des Unternehmens und des Unternehmensumfelds durchgeführt werden, um mögliche Einflussfaktoren zu bestimmen. Außerdem dient die Analyse als Grundlage für die folgenden Schritte. Dabei muss dem Ist-Zustand im Vergleich zu Vergangenheitswerten eine höhere Bedeutung beigemessen werden, da dieser den Ausgangspunkt bzw. den Bewertungsstichtag darstellt. Typische

---

[109] Vgl. Copeland et al., 2002, S. 297; Vgl. Gausemeier et al., 1996, S. 17; Vgl. Smeets, 2018, 63; Vgl. Hayn, 2000, S. 348
[110] Vgl. Hayn, 2000, S. 349-350

externe Einflussbereiche sind z. B. der Beschaffungs- und Absatzmarkt, die konjunkturellen Entwicklungen, der Wettbewerb, die Technologie oder die politischen Rahmenbedingungen. Diese Einflussbereiche sollten weiter in Einflussfaktoren konkretisiert werden, wobei dafür kein ideales Verfahren existiert. Falls bereits abgeschlossene Szenario-Projekte des Untersuchungsgegenstands vorliegen, kann auf die verwendeten Einflussfaktoren zurückgegriffen werden. Des Weiteren kann eine diskursive Ermittlung anhand der bereits beschriebenen Einflussbereiche erfolgen. Dabei werden Schritt für Schritt Teil- und Unterbereiche definiert, um schlussendlich alle Einflussfaktoren zu erfassen. Da grundsätzlich eine vollständige Identifizierung der gegenwärtigen und zukünftigen Einflussfaktoren nicht gewährleistet werden kann, sollten auch intuitive Methoden verwendet werden. Dazu gehören neben dem Brainstorming auch die Expertenbefragung, das Brainwriting oder die Ideen-Delphimethode. Somit kann eine große Anzahl an Einflussfaktoren ermittelt werden, wobei in der Praxis nur eine begrenzte Auswahl berücksichtigt wird. Daher sollten diejenigen Einflussfaktoren ausgewählt werden, welche den jeweiligen Bereich maßgeblich charakterisieren.[111]

Anschließend wird eine Wirkungs- und Interdependenzanalyse durchgeführt, um die Bedeutung der ausgewählten Einflussfaktoren zu bestimmen. Im Rahmen der Wirkungsanalyse wird die Beziehung zwischen dem Untersuchungsgegenstand und dem Einflussfaktor analysiert. Unbedeutsame Einflussgrößen werden somit weiter aussortiert. Eine Einflussgröße hat grundsätzlich eine geringe Bedeutung, wenn ihre Eintrittswahrscheinlichkeit und die Auswirkung auf das Unternehmen und den Unternehmensgegenstand gering sind. In der Interdependenzanalyse werden die Beziehungen zwischen den einzelnen Einflussfaktoren analysiert. Das Ergebnis kann eine Liste von abhängigen und unabhängigen Faktoren sein. Abhängige Faktoren werden von den unabhängigen beeinflusst und haben einen niedrigeren Stellenwert. Der Fokus sollte daher auf den unabhängigen Einflussfaktoren liegen, da diese die Entwicklung der abhängigen Einflussfaktoren bestimmen können.[112]

Ein idealtypisches Verfahren für die finale Auswahl der Schlüsselfaktoren, welche die wichtigsten Einflussfaktoren darstellen, existiert nicht. Der Bestimmung der Schlüsselfaktoren sollte jedoch besondere Bedeutung beigemessen werden, da die Szenariotechnik durch viele subjektive Elemente charakterisiert werden kann und die Analyse-Phase die Grundlage für das weitere Vorgehen bildet.[113]

---

[111] Vgl. Gausemeier et al., 1996, S. 102; Vgl. Hayn, 2000, S. 348-353; Vgl. Smeets, 2018, S. 64

[112] Vgl. Hayn, 2000, S. 353-354; Vgl. Kuhner, Christoph/Maltry, Helmut: Unternehmensbewertung, Köln, 2017, S. 141-142

[113] Vgl. Hayn, 2000, S. 356-360

3.2 Ermittlung der Entwicklungstendenzen der Schlüsselfaktoren

Im Rahmen der Ermittlung der Entwicklungstendenzen der Schlüsselfaktoren wird zu Beginn der Ist-Zustand der Schlüsselfaktoren bestimmt, da diese den Ausgangspunkt für die zukünftige Entwicklung darstellen. Aufbauend auf dem gegenwärtigen Zustand wird für jeden Schlüsselfaktor mittels Expertenwissens oder Prognosen von Forschungseinrichtungen die denkbaren Ausprägungen beschrieben. Grundsätzlich sollten nur die Projektionen als Ausprägungen der Schlüsselfaktoren genutzt werden, welche weitgehend als realistisch und plausibel klassifiziert werden können.[114]

Den Ausprägungen der Schlüsselfaktoren kann eine Wahrscheinlichkeit zugeordnet werden. Hayn argumentiert, dass die Zuweisung der Wahrscheinlichkeiten nur dann objektiv erfolgen kann, wenn statistisch belegte Aussagen getroffen werden können. Daher werden den Ausprägungen in der Praxis grundsätzlich subjektive Wahrscheinlichkeiten zugeordnet. Gausemeier/Fink/Schlake sehen bei der Zuweisung von Wahrscheinlichkeiten die Möglichkeit die Aussagekraft und Akzeptanz von Szenarien zu verbessern.[115]

3.3 Synthese Phase

Die Synthese-Phase umfasst die abschließende Szenario-Bildung. Dabei werden die ausgewählten Schlüsselfaktoren und die dazugehörigen Ausprägungen in mehrere Annahmenbündel zusammengefasst. Diese Annahmenbündel bestehen aus jeweils einer Ausprägung pro Schlüsselfaktor und stellen die Szenarien dar.[116]

Im nächsten Schritt sind die Annahmenbündel auf Konsistenz und Plausibilität zu überprüfen. Hayn und Smeets nennen hierfür die Verwendung einer Konsistenzmatrix als geeigneten Ansatz. Ein Projektionsbündel kann als konsistent bezeichnet werden, wenn die Ausprägungen der Schlüsselfaktoren nicht gegenseitig im Widerspruch stehen. Diese Prüfung gewährleistet, dass das jeweilige Szenario auch in der Realität eintreten kann. Im Anschluss werden die Szenarien, welche nur geringe Unterschiede zu anderen aufweisen, weiter selektiert und Extremszenarien entwickelt, welche auf der einen Seite eine sehr positive Entwicklung von Schlüsselfaktoren und auf der anderen Seite eine sehr schlechte Entwicklung unterstellen. Diese können auch als Best-Case-Szenario oder als Worst-Case-Szenario bezeichnet werden.

Den Szenarien kann, ähnlich zu den Ausprägungen der Schlüsselfaktoren, auch eine Eintrittswahrscheinlichkeit zugeordnet werden.[117] Im Anschluss werden die Einflüsse auf das

---

[114] Vgl. Hayn, 2000, S. 361-364
[115] Vgl. Gausemeier et al., 1996, S.241; Vgl. Hayn, 2000, S. 361-365
[116] Vgl. Smeets, 2018, S. 65; Vgl. Hayn, 2000, S. 362 sowie S. 365-366
[117] Vgl. Smeets, 2018, S. 65-66; Vgl. Hayn, 2000, S. 365-366

Unternehmen projiziert. Im Rahmen der DCF-Verfahren sollte die Detailplanungsphase die Auswirkungen der Szenarien vollständig erfassen.[118]

3.4   Zusammenfassung und Fazit

Kapitel 3 beschreibt ein praxisorientiertes Vorgehen zur Anwendung der Szenariotechnik im Rahmen der Unternehmensbewertung mittels DCF-Verfahren. Aus Vereinfachungsgründen wurden hier die Schritte der Szenariotechnik nur vereinfacht beschrieben und daher auf die konkrete Anwendung von Interdependenz- oder Konsistenzanalysen bewusst nicht eingegangen. Diese Komplexitätsreduktion bietet einem Anwender eine überschaubare Anzahl an Schritten, um die Szenariotechnik anzuwenden. Der Anwender soll sich vielmehr mit den denkbaren Einflüssen auf das Unternehmen auseinandersetzen und diese übersichtlich aufbereiten. Dabei sollten Szenarien auch konträre Ansichten aufgreifen und nicht offensichtliche, aber entscheidende Unsicherheiten abbilden.[119]

Da die Szenariotechnik durch intuitives Vorgehen charakterisiert werden kann, fehlt dem Verfahren die wissenschaftliche Fundierung. Neben der Bestimmung von Eintrittswahrscheinlichkeiten werden z. B. auch die Relevanz und die Auswirkungen auf das Unternehmen durch subjektives Vorgehen geprägt. Die Szenariotechnik basiert in Ihrer Grundform auf dem intuitiven Wissen über Einflussfaktoren und Einflussintensitäten, weshalb alle Expertenurteile sorgfältig überprüft werden müssen.[120]

In der Praxis wird die Szenariotechnik häufig zur Prognose der zukünftigen Geschäftsentwicklung bei der Bewertung von jungen Unternehmen mit geringer Datenbasis eingesetzt, da hierfür mathematisch-stochastische Methoden ungeeignet sind. Außerdem kann die Szenariotechnik auch mit anderen intuitiven Methoden wie z. B. dem Relevanzbaumverfahren kombiniert werden.[121]

---

[118] Vgl. Smeets, 2018, S. 66; Vgl. Hayn, 2000, S. 392
[119] Vgl. Roxburgh, Charles, 2009; Vgl. Smeets, 2018, S. 69; Vgl. Hayn, 2000, S. 386
[120] Vgl. Kuhner/Maltry, 2017, S. 149; Vgl. Smeets, 2018, S. 70; Vgl. Hayn, 2000, S. 389
[121] Vgl. Smeets, 2018, S. 70-71

4 Praxisbeispiel Airbnb Inc.

In diesem Kapitel wird anhand eines Anwendungsbeispiels das FCF-Verfahren in Kombination mit der Szenariotechnik praxisnah vorgestellt. Es soll ein Transfer zwischen Wissenschaft und Praxis erreicht und die Bedeutung der zugrundeliegenden Annahmen vorgestellt werden.

Das Unternehmen Airbnb Inc. stellt in diesem Fall das Anwendungsbeispiel dar, da das Unternehmen der Reise- und Tourismusbranche angehört, welche von dem Verlauf der COVID-19 Pandemie, im Vergleich zu anderen Branchen, stark beeinflusst wird. Die Pandemie beruht auf einem Coronavirus, das Anfang 2020 als Auslöser von COVID-19 identifiziert wurde.[122] Weltweit haben Regierungen aufgrund der Ansteckungsgefahr u. a. mit Reisebeschränkungen, Kontaktverboten und Quarantänemaßnahmen reagiert. Diese Regierungsmaßnahmen wurden bisher nicht aufgehoben und haben daher aktuell hohe Relevanz für die zukünftige Geschäftsentwicklung von Airbnb Inc.

Ein weiterer Anlass ist die Diskrepanz zwischen derzeitigem Marktpreis und Emissionspreis der Aktien beim Börsengang im Dezember 2020. Die Aktien wurden am 10.12.2020 zu einem Preis von 68 USD emittiert und werden am 14.02.2021 zu einem Preis von 212,50 USD gehandelt. Aufgrund der frequenten Änderungen der vom Unternehmen nicht beeinflussbaren externen Rahmenbedingungen durch die COVID-19 Pandemie ist die Anwendung der Szenariotechnik ein geeignetes Verfahren zur Prognose der zukünftigen Geschäftsentwicklung.[123]

In Abschnitt 4.1 wird das Geschäftsmodell von Airbnb Inc. beschrieben. Der darauffolgende Abschnitt thematisiert die Geschäftsentwicklung des Unternehmens in den Jahren 2017 bis 2020 und den Sondereinfluss COVID-19. Außerdem werden die Kennzahlen und die Komponenten für eine Bewertung mit dem FCF-Verfahren aufbereitet. Im Anschluss wird auf Basis der Unternehmens- und Umfeldanalyse eine SWOT-Analyse erstellt und langfristige potenzielle Entwicklungen betrachtet und analog zu Abschnitt 2.3.2.3 die einzelnen Cashflow Komponenten geschätzt. Anschließend werden insgesamt drei Szenarien zum weiteren Verlauf der Regierungsmaßnahmen erstellt und deren Einflüsse auf das Unternehmen und das Geschäftsfeld beschrieben. Im Abschnitt 4.4 wird dann der Unternehmenswert mit dem FCF-Verfahren ermittelt und anschließend der Wert pro Aktie bestimmt.

---

[122] Vgl. Robert Koch Institut: Epidemiologischer Steckbrief zu SARS-CoV-2 und COVID-19, in: RKI, 09.02.2021, [online] https://www.rki.de/DE/Content/InfAZ/N/Neuartiges_Coronavirus/Steckbrief.html;jsessionid=A17B82F5FCEC3B37D45B1051D77F0281.internet092?nn=2386228 [20.02.2021]

[123] Vgl. Feiner, Lauren: Airbnb skyrockets 112% in public market debut, giving it a market cap of 86.5\$ billion, in: CNBC, 10.12.2020, [online] https://www.cnbc.com/2020/12/10/airbnb-ipo-abnb-starts-trading-on-the-nasdaq.html [08.02.2021]

4.1 Geschäftsmodell

Das Unternehmen Airbnb Inc. betreibt einen globalen Markplatz als Website, auf welchem Gastgeber ihre Unterkünfte und Aktivitäten bzw. Entdeckungen, sogenannte Experiences, anbieten und Gäste diese Angebote buchen können. Der Marktplatz ist unter der Websiteadresse airbnb.com erreichbar. Zum 30. September 2020 waren mehr als 4 Mio. Gastgeber registriert, welche approximativ 7 Mio. Unterkünfte oder Entdeckungen angeboten haben. Unterkünfte können z. B. private Zimmer, Wohnungen, Häuser, Luxusvillen, Baumhäuser oder Iglus sein. Mit Entdeckungen sind z. B. eine gemeinsame Mahlzeit mit Einheimischen, Begegnungen mit Tieren oder Reisen mit einheimischen Experten zu verstehen. Die Unterkünfte und Entdeckungen werden weltweit in mehr als 220 Ländern angeboten. Das Geschäftsmodell basiert auf dem Erfolg der Gastgeber und Gästen zugleich. Der Gastgeber hat mit der Plattform die Möglichkeit wiederkehrende Einnahmen zu generieren und dadurch das Interesse eine gute Leistung anzubieten. Dieses natürliche Anreizsystem führt dazu, dass Gäste gute Erfahrungen machen, die Plattform weiter nutzen und somit wiederkehrende Vermittlungseinnahmen für das Unternehmen erzielen. Dies kann u. a. dadurch belegt werden, dass 84% der Umsätze von 2019 aus Buchungen bei Gastgebern resultierten, welche bereits im Jahr 2018 mindestens einen Gast hatten. Auch die Gastgeber- und Gästebewertungen sorgen für eine natürliche Auslese von nicht erwünschten Nutzern.[124]

Abbildung 15 stellt eine beispielhafte Buchung einer Unterkunft dar, um die Berechnung der Einnahmen und Ausgaben pro Buchung, den Buchungswert und den von Airbnb realisierten Umsatz zu illustrieren. Die Vermittlungsgebühren für Gastgeber und Gäste sind u. a. von der Dauer der Buchung sowie der geographischen Lage abhängig und sind daher nur beispielhaft dargestellt.[125]

---

[124] Vgl. Airbnb Inc.: S-1/A, in SEC, 07.12.2020, [online] https://sec.report/Document/0001193125-20-311265/#toc81668_10 [09.02.2021]; Vgl. Airbnb Inc.: Entdeckungen auf Airbnb, in Airbnb, [online] https://www.airbnb.de/s/experiences [09.02.2021]

[125] Vgl. Airbnb Inc., S-1/A, 2020, S. 138

Gastgeber

Vom Gastgeber festgelegter Preis pro Nacht	USD	100,00
Minus Vermittlungsgebühr	USD	-3,00
Gesamte Einnahmen	USD	97,00

Gast

Vom Gastgeber festgelegter Preis pro Nacht	USD	100,00
Plus Vermittlungsgebühr	USD	12,00
Gesamte Ausgaben (sog. Buchungswert)	USD	112,00

Airbnb Inc.

Vermittlungsgebühr Gastgeber	USD	3,00
Vermittlungsgebühr Gast	USD	12,00
Gesamte Vermittlungseinnahmen (sog. Umsatz)	USD	15,00

Abbildung 15: Berechnung des Buchungswertes und Umsatz je Buchung

Das Management nutzt u. a. die Anzahl an gebuchten Unterkünften und Entdeckungen als Key-Performance-Indicator (KPI) für die Größe der Plattform und den Gesamtbuchungswert pro Periode als KPI für die Umsatzentwicklung. Eine gebuchte Unterkunft kann einen oder mehrere Gäste umfassen, wohingegen für jeden Teilnehmer einer Entdeckung auch eine Buchung durchgeführt werden muss. Diese Leistungskennzahlen werden um alle Stornierungen und Änderungen bereinigt und geben somit direkte Hinweise auf die Einnahmen des Unternehmens.[126]

4.2 Geschäftsentwicklung

4.2.1 Aktuelle Entwicklungen

Das Unternehmen hat in den Jahren 2017–2019 zweistellige Umsatzwachstumsraten verzeichnen können. Die Anzahl der gebuchten Angebote auf airbnb.com ist mit ähnlichen Wachstumsraten angestiegen, wobei beide genannten Wachstumsraten seit 2017 gesun-

---

[126] Vgl. Airbnb Inc., S-1/A, 2020, S. 139-141

ken sind. In Abbildung 16 und Abbildung 17 wird der Umsatzverlauf und die Entwicklung der gebuchten Angebote dargestellt. Die Berechnung der Schätzwerte für das Jahr
2020 wird im Verlauf der nächsten Abschnitte beschrieben.

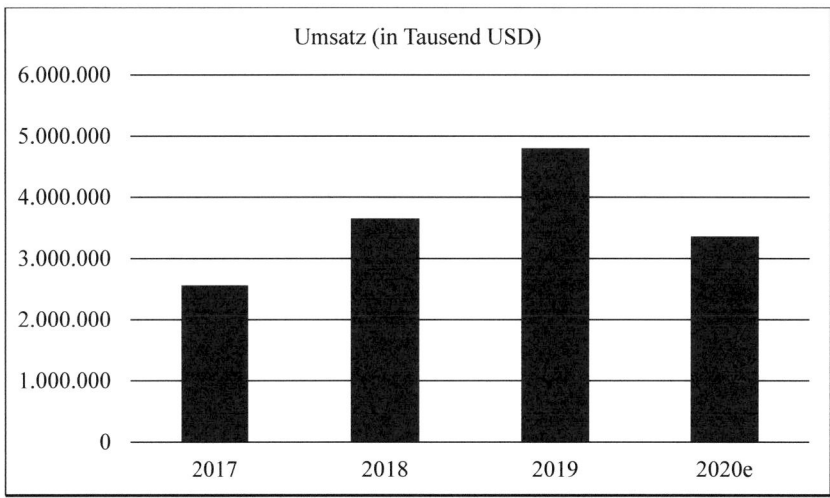

Abbildung 16: Airbnb Inc. Umsatzverlauf 2017–2020e[127]

---

[127] Vgl. Airbnb Inc., S-1/A, 2020, S. 122 (Die Schätzungen basieren auf den berichteten Zahlen für die
ersten drei Quartale. Der arithmetische Mittelwert der gemeldeten Quartalszahlen wurde als Schätzwert
für das vierte Quartal angenommen, um einen Jahresschätzwert zu bilden.)

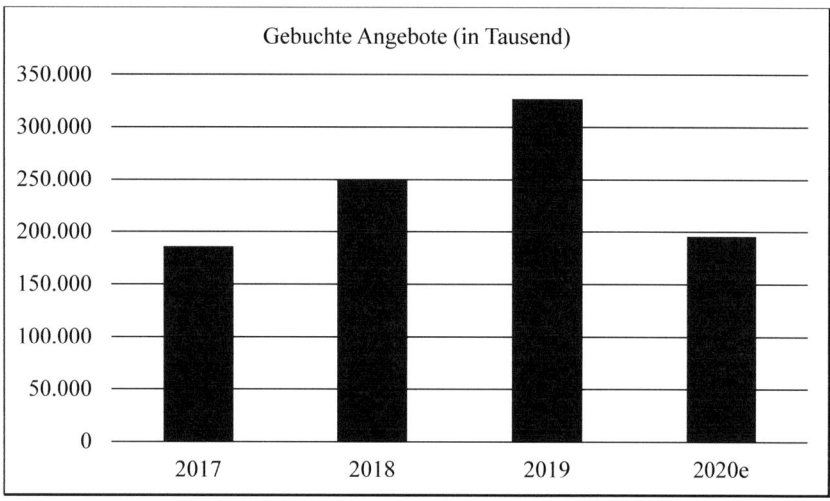

Abbildung 17: Airbnb Inc. Gebuchte Angebote 2017–2020e[128]

Der Gesamtbuchungswert GBW repräsentiert den gesamten Dollarwert von allen durchgeführten Buchungen in einer Periode. Der Jahresverlauf ist in Abbildung 18 dargestellt.

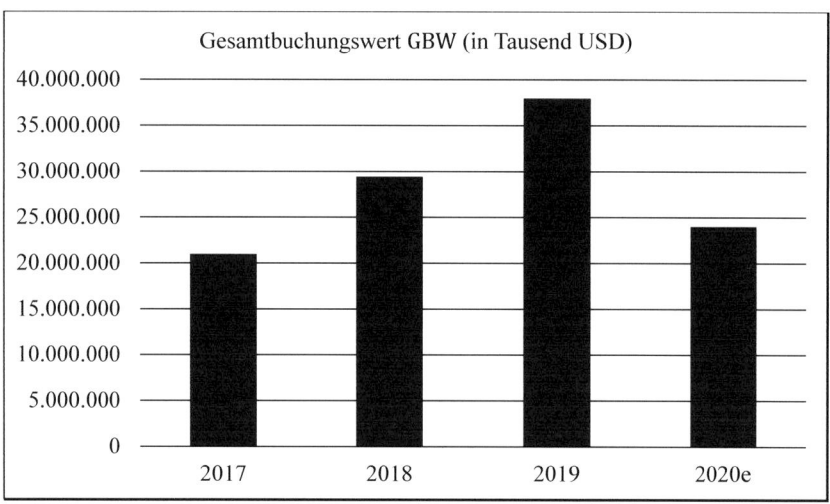

Abbildung 18: Airbnb Inc. Gesamtbuchungswert 2017–2020e[129]

---

[128] Vgl. Airbnb Inc., S-1/A, 2020, S. 124
[129] Vgl. Airbnb Inc., S-1/A, 2020, S. 26

Das Betriebsergebnis konnte hingegen in den Jahren 2017-2019 kein konstantes Wachstum aufweisen. Abbildung 19 stellt den Verlauf des Betriebsergebnis über die Jahre 2017–2020 dar.[130]

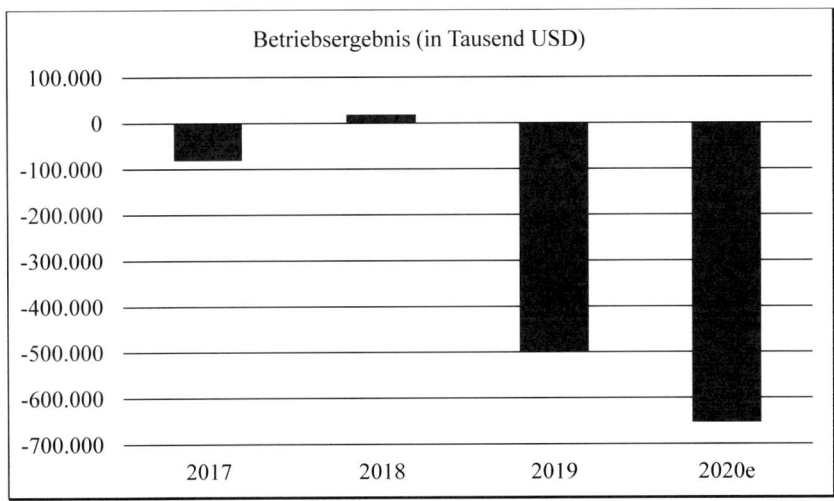

Abbildung 19: Betriebsergebnis 2017–2020e

Das Geschäftsmodell von Airbnb ist abhängig von der Entwicklung der Reise- und Hotelindustrie. Der Ausbruch der COVID-19 Pandemie zum Jahreswechsel 2019/2020 hat dazu geführt, dass Regierungen Quarantäne und Reisebeschränkungen angeordnet haben. Insbesondere das grenzüberschreitende Reisen wurde dadurch beeinträchtigt. Dies führte zu einer Abnahme der Buchungen von Gästen im Jahr 2020. Das Unternehmen hat daraufhin u. a. mit Kostenreduktionen im variablen und fixen Bereich reagiert. Dies umfasst insbesondere den Personalabbau von circa 25% aller Vollzeitmitarbeiter, welcher in Zukunft jährlich zwischen 400–500 Mio. USD einsparen soll.[131]

4.2.2 Aktuelle Kennzahlen

Im Folgenden wird die Ist-Situation des Unternehmens im Rahmen von Kennzahlen erfasst. Die Anzahl der Buchungen, der Umsatz, das Betriebsergebnis und der Zinsaufwand für die ersten drei Quartale 2020 können dem S-1 Formular entnommen werden, welches von Airbnb Inc. im Rahmen des Börsengangs im Dezember bei der US-amerikanischen

---

[130] Vgl. Airbnb Inc., S-1/A, 2020, S. 34, S. 122-124 sowie S. 160

[131] Vgl. Airbnb Inc., S-1/A, 2020, S. 37, S. 144 sowie S. 151-152; Vgl. Weinberg, Cory: Airbnb to Cut 25% of Work Force, in: The Information, 05.05.2020, [online] https://www.theinformation.com/articles/airbnb-plans-significant-layoffs [11.02.2021]

Börsenaufsichtsbehörde eingereicht wurde. Das S-1 Formular beinhaltet u. a. die Erfolgs-
rechnung und Bilanz zum Stichtag 30. September 2020. Mithilfe des arithmetischen Mittels wurde der Durchschnitt der ersten drei Quartale 2020 gebildet und als Schätzwert für
Quartal 4 (Q4) angenommen. Daraus können die folgenden Kennzahlen abgeleitet werden. [132]

$$R_{2020e} = R_{Q1-Q3} \times \frac{4}{3} = 2.518.935.000 \times \frac{4}{3} \approx 3.358.580.000 \text{ USD}$$

$$\text{Buchungen}_{2020e} = \text{Buchungen}_{Q1-Q3} \times \frac{4}{3} = 146.900.000 \times \frac{4}{3} \approx 195.800.000 \text{ USD}$$

$$GBW_{2020e} = GBW_{Q1-Q3} \times \frac{4}{3} = 19.991.200.000 \times \frac{4}{3} = 26.654.933.330 \text{ USD}$$

$$EBIT_{2020e} = EBIT_{Q1-Q3} \times \frac{4}{3} = -489.067.000 \times \frac{4}{3} \approx -653.289.000 \text{ USD}$$

$$i_{2020e} = i_{Q1-Q3} \times \frac{4}{3} = 107.548.000 \text{ USD} \times \frac{4}{3} \approx 143.397.000 \text{ USD}$$

$$M_{2020e} = \frac{EBIT_{2020e}}{\text{Umsatz}_{2020e}} \approx 0,1945 \approx -19,45\%$$

$$\text{Durchschnittlicher Umsatz je Buchung} = \frac{R_{2020e}}{GBW_{2020e}} \approx 0,13 \approx 13\%$$

Airbnb Inc. ist ein US-amerikanisches Unternehmen. Damit unterliegt es einem durchschnittlichen Grenzsteuersatz von 27%. [133]

---

[132] Vgl. Airbnb Inc., S-1/A, 2020, S. 122-124

[133] Vgl. Damodaran, Aswath: Corporate Marginal Tax Rates - By country, in: NYU Stern School of Business, Januar 2021, [online] http://pages.stern.nyu.edu/~adamodar/New_Home_Page/datafile/coun-
trytaxrate.html [13.02.2021]

Es wird angenommen, dass der Buchwert des zinstragenden Fremdkapitals FK_{BW} der Summe aus den langfristigen Schulden und operativen Leasing Verbindlichkeiten mit langfristigem Charakter entsprechen. Diese Werte können der Bilanz vom 30. September 2020 entnommen werden.[134]

$$FK_{BW,2020} = 1.811.302.000 + 380.079.000 = 2.191.381.000 \text{ USD}$$

Für den Fremdkapitalkostensatz r_{FK} wird hier ein Zinssatz von 11% angenommen. Der Informationsdienstleister Bloomberg berichtete, dass eine Darlehensaufnahme im April 2020 mit einem Zinssatz zwischen 11–12% verbunden war. Da das Darlehen im Rahmen der Bewältigung der COVID-19 Pandemie aufgenommen wurde, kann davon ausgegangen werden, dass sich das Risikoprofil von Airbnb seit der Kreditaufnahme nicht maßgeblich geändert hat.[135]

Die Berechnung des Fremdkapitalmarktwerts FK_{MW} erfolgt nach Formel (16). Es wird eine durchschnittliche Laufzeit von vier Jahren angenommen.

$$\begin{aligned}
FK_{MW} &= i \times \frac{1 - \dfrac{1}{(1 + r_{FK})^m}}{r_{FK}} + \frac{FK_{BW}}{(1 + r_{FK})^m} \\
&= 143.397.000 \times \frac{1 - \dfrac{1}{(1 + 0,11)^4}}{0,11} + \frac{2.191.381.000}{(1 + 0,11)^4} \\
&\approx 1.888.411.945 \text{ USD}
\end{aligned}$$

[134] Vgl. Airbnb Inc., S-1/A, 2020, F-3

[135] Vgl. Newcomer, Eric et al.: Airbnb in Talks to Raise More Debt Amid Global Crisis, in: Bloomberg, 08.04.2020, [online] https://www.bloomberg.com/news/articles/2020-04-07/airbnb-in-talks-to-raise-more-debt-amid-global-crisis [14.02.2021]

Zur Berechnung der Sales-to-Capital-Ratio wird vereinfacht die Summe aus dem Buchwert des Eigenkapitals EK_{BW} und dem Buchwert des zinstragenden Fremdkapitals FK_{BW} verwendet. Die Berechnung der Sales-to-Capital-Ratio erfolgt nach Formel (5).[136]

$$STC_{2020} = \frac{R_{2020e}}{IK_{2019}} = \frac{R_{2020e}}{EK_{BW,2019} + FK_{BW,2019}} = \frac{3.358.580.000}{1.810.537.000 + 381.374.000} \approx 1,5$$

Der Kassenbestand beträgt 4.495.211.000 USD und ergibt sich aus der Summe der Zahlungsmittel, der Zahlungsmitteläquivalente und den handelbaren Wertpapieren. Der Kassenbestand kann dem S-1 Formular entnommen werden.[137] Der Marktwert des Eigenkapitals entspricht dem Produkt aus ausstehenden Aktien und Preis pro Aktie.[138]

$$EK_{MW} = \text{Anzahl ausstehende Aktien} \times \text{Marktpreis pro Aktie} = 601.399.007 \times 212,50 \approx 127.797.288.988 \text{ USD}$$

Damit ergibt sich der Verschuldungsgrad zu Marktwerten in Prozent wie folgt:

$$\frac{FK_{MW}}{EK_{MW}} = \frac{1.888.411.945}{127.797.288.988} \approx 0,015 \approx 1,5\%$$

Die Summe aus EK_{MW} und FK_{MW} entspricht 129.685.700.933 USD. Der Anteil des Fremdkapitals am gesamten Kapital zu Marktwerten entspricht 1,5%.

$$\frac{FK_{MW}}{EK_{MW} + FK_{MW}} = \frac{1.888.411.945}{129.685.700.933} = 0,015 \approx 1,5\%$$

Im Folgenden wird ein Bottom-Up Beta gebildet. Der unlevered Branchenbeta des Hotelsektors entspricht 1,10.[139] Anhand des aktuellen Verschuldungsgrades zu Marktwerten kann der Bottom-Up-beta anhand Formel (13) abgeleitet werden.

---

[136] Vgl. Airbnb Inc., S-1/A, 2020, S. 124 sowie F-3; Das Eigenkapital zum Buchwert in 2019 $EK_{BW,2019}$ entspricht hier dem eingezahlten Kapital abzüglich des kumulierten Fehlbetrags. Die Werte können aus dem S-1 Formular entnommen werden. $EK_{BW,2019}$ ergibt sich wie folgt:

   3.231.502.000 + 26.000 − 1.420.991.000 = 1.810.537.000 USD

[137] Vgl. Airbnb Inc., S-1/A, 2020, S. 124
[138] Vgl. Airbnb Inc., S-1/A, 2020, S. 16; Preis pro Aktie entspricht dem Börsenkurs am 14.02.2021
[139] Vgl. Damodaran, Betas by Sector (US), 2021

$$\beta_l = \beta_u \times \left(1 + (1 - \tau) \times \frac{FK_{MW}}{EK_{MW}}\right) = 1{,}10 \times (1 + (1 - 0{,}27) \times 0{,}015) = 1{,}11$$

Um die Eigenkapitalkosten zu bestimmen, muss der risikolose Zinssatz und die Marktrisikoprämie ermittelt werden. Der risikolose Zinssatz r_f wird von der Verzinsung von 10-jährigen US-Staatsanleihen abgeleitet. Der Kuponzins für eine 10-jährige Staatsanleihe beträgt nach Bloomberg im Februar 2021 ca. 1,13%.[140] Basierend auf den Empfehlungen des IDW, wird eine Marktrisikoprämie r_m in Höhe von 7% angenommen.[141] Die Eigenkapitalkosten können wie folgt nach Formel (10) berechnet werden.

$$r_{EK} = r_f + \beta \times r_m = 0{,}013 + 1{,}11 \times 0{,}07 = 0{,}0907 \approx 9{,}1\%$$

Daraus ergibt sich ein gewogener durchschnittlicher Kapitalkostensatz WACC von 9,1%.

$$\begin{aligned} WACC &= r_{EK} \times \left(1 - \frac{EK_{MW}}{EK_{MW} + FK_{MW}}\right) + r_{FK} \times \frac{FK_{MW}}{EK_{MW} + FK_{MW}} \times (1 - \tau) \\ &= 0{,}091 \times (1 - 0{,}015) + 0{,}11 \times (0{,}015) \times (1 - 0{,}27) \\ &\approx 0{,}091 \approx 9{,}1\% \end{aligned}$$

Die nachfolgende Abbildung 20 gibt eine Übersicht über die ermittelten Kennzahlen des Unternehmens und ist die Grundlage für die Unternehmenswertbestimmung in Abschnitt 4.4.

---

[140] Vgl. Bloomberg L.P.: United States Rates & Bonds, in Bloomberg, [online] https://www.bloomberg.com/markets/rates-bonds/government-bonds/us [20.02.2021]

[141] Vgl. Unterabschnitt 2.3.3.1

Bezeichnung	Kürzel	Einheit	2020e
Buchungen			195.800.000
Umsatz R	R	USD	3.358.580.000
Gesamtbuchungswert	GBW	USD	26.654.933.330
Umsatz je Buchung in Prozent	$\frac{R}{GBW}$	%	13
Betriebsergebnis EBIT	EBIT	USD	(653.289.000)
Zinsaufwand i	i	USD	143.397.000
EBIT-Marge M	M	%	-19,45
Grenzsteuersatz τ	τ	%	27
Buchwert des zinstragenden Fremdkapitals	FK_{BW}	USD	2.191.381.000
Fremdkapitalkosten	r_{FK}	%	11
Marktwert Fremdkapital	FK_{MW}	USD	1.888.411.945
Sales-to-Capital-Ratio	STC		1,5
Kassenbestand	Cash	USD	4.495.211.000
Anzahl ausstehende Aktien			601.399.007
Marktwert Eigenkapital	EK_{MW}	USD	127.797.288.988
Verschuldungsgrad zu Marktwerten	$\frac{FK_{MW}}{EK_{MW}}$	%	1,5
Gesamtes Kapital zu Marktwerten	$EK_{MW} + FK_{MW}$	USD	129.685.700.933
Anteil Fremdkapital am gesamten Kapital zu Marktwerten	$\frac{FK_{MW}}{EK_{MW} + FK_{MW}}$	%	1,5
Unlevered Branchenbeta	β_u		1,10
Bottom-Up-Beta	β_l		1,11
Eigenkapitalkosten	r_{EK}	%	9,1
Gewogener durchschnittlicher Kapitalkostensatz	WACC	%	9,1

Abbildung 20: Kennzahlen von Airbnb Inc.

4.3 Prognose der zukünftigen Geschäftsentwicklung

Aus Vereinfachungsgründen wird im folgenden Abschnitt nur auf die Stärken und Schwächen, die sich aus unternehmensinterner Sicht ergeben, und auf die Chancen und Risiken, welche sich aus externen Einflüssen ergeben, eingegangen. Basierend auf der SWOT-Analyse wird in Unterabschnitt 4.3.2 die langfristige Geschäftsentwicklung geschätzt. Dies beinhaltet den in der Detailplanungsphase erreichbaren Marktanteil an der Reise- und Erlebnisbranche, die langfristig erzielbare EBIT-Marge, die Sales-to-Capital-Ratio und den Verschuldungsgrad.

4.3.1 SWOT-Analyse

4.3.1.1 Stärken

Über die Plattform Airbnb können weltweit Aufenthalte bei Privatpersonen gebucht werden. Diese individuellen Angebote unterscheiden sich erheblich von den standardisierten Angeboten von Reisebüros, Hotels oder Vermittlungsseiten wie Booking.com oder Expedia.com. Der Gast kann über Airbnb authentische Erfahrungen sammeln, Einheimische kennenlernen und mit Gastgebern Zeit verbringen. Airbnb Inc. schreibt, dass die Plattform den Gästen die Möglichkeit gibt, andere Kulturen und Länder nicht wie Touristen, sondern wie Einheimische zu erleben. Mit über 7 Mio. (Stand September 2020) individuellen Unterkünften grenzt sich die Plattform von der konventionellen Tourismus- und Reisebranche ab. Zudem ist Airbnb eine global anerkannte Marke und „Airbnb" wird bereits als Synonym und Verb verwendet. Die Bekanntheit der Marke im Vergleich zur Konkurrenz wird in Abbildung 21 anhand der weltweiten Google Suchanfragen visualisiert. Die ausgewählten Konkurrenten wurden von Airbnb Inc. im S1-Formular beschrieben.[142]

---

[142] Vgl. Airbnb Inc., S-1/A, 2020, S. 8 sowie S. 137-138

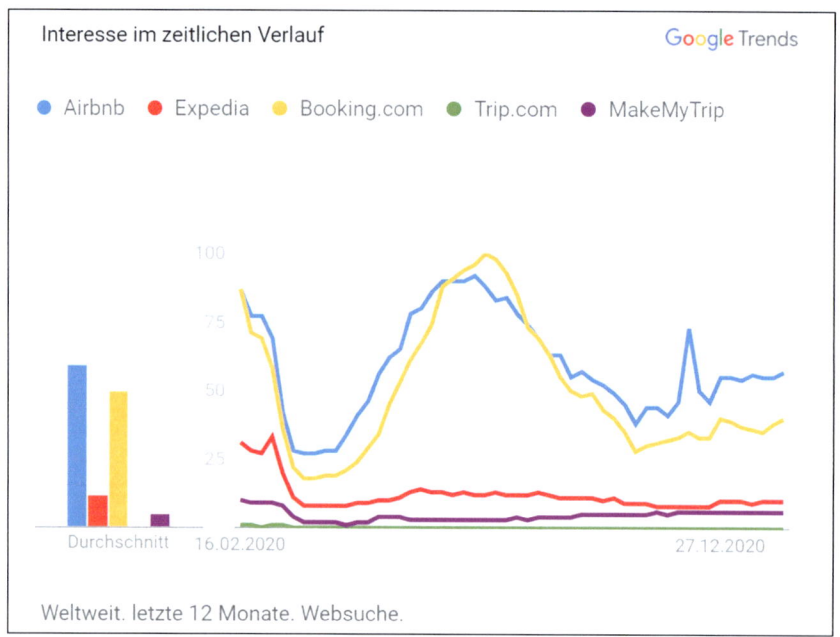

Abbildung 21: Analyse der Google Suchanfragen[143]

Die Plattformtechnologie von Airbnb Inc. stellt eine weitere Stärke dar. Die Plattform wurde spezifisch für die Bedürfnisse der Gäste und Gastgeber entwickelt und ermöglicht es dem Unternehmen diese an veränderte Rahmenbedingungen, Anforderungen oder neue Produkte anzupassen. Außerdem ermöglicht die Plattform eine tiefgreifende Datenanalyse durch Business-Intelligence Lösungen. Somit kann Airbnb Inc. auch in Zukunft Marktbedürfnisse antizipieren und neue oder verbesserte Angebote und Dienstleistungen entwickeln. Die Flexibilität der Plattform in Kombination mit der ausführlichen Auswertung der Daten von über 4 Mio. Gastgebern, ermöglicht es neue Trends zu erkennen und passende Geschäftsmodelle zu entwickeln.[144]

4.3.1.2 Schwächen

Das Geschäftsmodell ist abhängig von der Qualität und Leistung der Gastgeber. Darunter zählen u. a. die Information zum Angebot, die Gastfreundschaft und die Hygieneverhältnisse in Unterkünften. Negative Erfahrungen mit Gastgebern nehmen Einfluss auf die Wiederkehr des Kunden auf der Plattform. Außerdem beeinflussen diese Erfahrungen

---

[143] Vgl. Google: Airbnb, Expedia, Booking.com, Getyourguide, MakeMyTrip – Erkunden, in: Google Trends, 16.02.2021, [online] https://trends.google.de/trends/explore?q=%2Fm%2F0svqyn7,%2Fm%2F025ypk,%2Fm%2F0yxzc1z,Getyou-guide,%2Fm%2F03mcw9d [16.02.2021]

[144] Vgl. Airbnb Inc., S-1/A, 2020, S. 2, S. 39, S. 154 sowie S. 108

auch die Reputation der Plattform im Ganzen. Diese Abhängigkeit kann Airbnb nur indirekt über Anreizprogramme und die Bewertung von Gästen bzw. Gastgebern beeinflussen. Das Unternehmen hat zudem eine geringe Finanzkraft und geringe Rücklagen. Im April 2020 hat das Unternehmen bereits vier Monate nach Ausbruch der Pandemie Fremdkapital mit, im Vergleich zum derzeitigen risikofreien Zinssatz, hohen Zinskosten aufnehmen müssen, um nicht in Zahlungsschwierigkeiten aufgrund der steigenden Anzahl an Stornierungen zu gelangen. Diese fehlende finanzielle Robustheit des Unternehmens kann u. a. von Konkurrenten durch Preiskämpfe ausgenutzt werden. Die Vermittlung von Privatunterkünften über eine Online Plattform ist für Wettbewerber einfach nachzuahmen. In diesem Bereich gibt es nur geringe Eintrittsbarrieren und der Gastgeber muss keine großen Aufwendungen unternehmen, um sein Angebot auf einer ähnlichen Plattform zu inserieren. Auch der Gast hat eine hohe Verhandlungsmacht, was zu Preiskämpfen innerhalb der Branche führen kann. Die Expertise der ca. 1.800 entlassenen Vollzeitangestellten im Mai 2020 könnte nicht effektiv an die weiterbeschäftigen Mitarbeiter übertragen sein. Diese Knowhow Verluste können, insbesondere in kritischen Positionen, Schwierigkeiten beim Wachstum und operativen Geschäft verursachen. Außerdem können die Mitarbeiterentlassungen die Moral und Produktivität der Mitarbeiter senken und Probleme bei der Bindung bestehender Mitarbeiter oder bei der Rekrutierung zukünftiger Mitarbeiter auslösen.[145]

4.3.1.3 Chancen

Die Aufhebung der Quarantänemaßnahmen und Reisebeschränkungen könnte ein hohes Wachstum in der Reise- und Tourismusbranche auslösen. Insbesondere für den Fall, dass nach Aufhebung der Beschränkungen die unflexiblen Kapazitäten der Hotelketten überlastet sind, könnten neue Nutzer auf die Plattform Airbnb aufmerksam werden und nachhaltig als Kunden gewonnen werden. Der Trend zum mobilen Arbeiten, der durch die COVID-19 Pandemie ausgelöst wurde, stellt ebenso eine Chance für das Unternehmen dar und kann sich nachhaltig positiv auf die Geschäftsentwicklung auswirken. Durch die individuell gestaltbare Arbeitsumgebung kann auch aus dem Ausland und im Urlaub gearbeitet werden. Dieser Trend könnte sich auf die gesamte Reise- und Tourismusbranche auswirken. Eine von YouGov im Oktober 2020 durchgeführte Umfrage hat ergeben, dass sich die Mehrheit der Befragten wünscht, von einem anderen Ort aus zu arbeiten und zu leben. Dieser Trend umfasst neben dem mobilen Arbeiten auch das mobile Studieren. Außerdem könnte durch die COVID-19 Pandemie ein erweitertes Hygienebewusstsein in der Bevölkerung ausgelöst werden. Private Ferienunterkünfte könnten vor überfüllten

---

[145] Vgl. Airbnb Inc., S-1/A, 2020, S. 32 sowie S. 35-36; Vgl. Unterabschnitt 4.2.2

Hotels bevorzugt werden. Auch alternative Unterkünfte außerhalb von Großstädten könnten von dem Trend profitieren.[146]

4.3.1.4 Gefahren

Die COVID-19 Pandemie hat bereits im Jahr 2020 Einfluss auf die Geschäftsentwicklung genommen. Die Umsätze sind im Vergleich zum Vorjahr stark eingebrochen und das Unternehmen musste mit Entlassungen und Fremdkapitalaufnahme reagieren. Da die weltweiten Reisebeschränkungen, Quarantäneanordnungen und Hygienemaßnahmen der Regierungen im Februar 2021 noch anhalten und bisher noch keine eindeutige Aussage zum Ende der Maßnahmen getroffen werden kann, stellt die COVID-19 Pandemie die größte Gefahr für das Unternehmen dar. Der Einstieg neuer Konkurrenten, wie z. B. Google oder andere Suchmaschinen, könnte die Vertriebs- und Marketingkosten stark beeinflussen. Die Art und Weise wie die Suchmaschinen die Reisesuchergebnisse priorisieren und präsentieren hat starken Einfluss auf den Traffic der Website airbnb.com. Außerdem könnten Google und Apple ihre mobilen Betriebssysteme Android und iOS so gestalten, dass ausschließlich oder primär ihre eigenen Reise- und Tourismusangebote angezeigt werden. Airbnb Inc. war und wird voraussichtlich auch zukünftig Gegenstand von behördlichen Untersuchungen sein. Diese Ermittlungen beziehen sich u. a. auf die Einhaltung von Gesetzen im Hinblick auf Kurzzeitvermietung, Steuerabgaben der Gastgeber, Zahlungsabwicklung und Datenschutz. Diese Anfragen können sehr zeitaufwendig sein und hohe finanzielle Tragweite z. B. im Rahmen von Strafzahlungen haben. Airbnb Inc. berichtet, dass sie selbst die Auswirkungen der Untersuchungen nicht vorhersagen können und auch in Zukunft hohe Bußgelder und Strafen erwarten. Dies könnte die Marke Airbnb und die Reputation stark beeinflussen.[147]

4.3.2 Transfer der Analyseergebnisse

Wie in Unterabschnitt 2.3.2.3 beschrieben, werden im Folgenden auf einem umsatzbasierten Ansatz die Cashflow Komponenten geschätzt. Im ersten Schritt wird der langfristig erreichbare Marktanteil an der Reise- und Erlebnisbranche geschätzt. Airbnb schätzt den Serviceable Addressable Market (SAM), also den mit den jetzigen Produkten realistisch bedienbaren Markt, auf 1,5 Bio. USD.[148] Basierend auf der Bekanntheit der Marke Airbnb, der in den letzten Jahren hohen Wachstumsraten der gebuchten Angebote und der damit steigenden Akzeptanz von Privatunterkünften, wird im Folgenden davon ausgegangen, dass Airbnb langfristig einen Ziel-Marktanteil am SAM von 15% einnehmen

---

[146] Vgl. Airbnb Inc.: Living and Working Anywhere Across Asia Pacific, in: Airbnb News, 03. 11.2020, [online] https://news.airbnb.com/living-and-working-anywhere-across-asia-pacific/ [18.02.2021]; Vgl. Airbnb Inc.: How Airbnb and Travelers are Redefining Travel in 2021, in: Airbnb News, 15. 10. 2020, [online] https://news.airbnb.com/2021-travel-trends/ [18.02.2021]

[147] Vgl. Airbnb Inc., S-1/A, 2020, S. 32, S. 47, S.40, S.44 sowie S. 77

[148] Vgl. Airbnb Inc., S-1/A, 2020, S. 7

kann. Dies entspricht einem jährlichen Gesamtbuchungswert von ca. 225Mrd. USD. Um den realisierten Umsatz zu schätzen, wird der Gesamtbuchungswert mit dem prozentualen Umsatz je Buchung multipliziert. Es wird davon ausgegangen, dass Airbnb Inc. in der Zukunft die Gebühren von 13% auf 14% anheben kann. Somit entspricht ein Gesamtbuchungswert von 225 Mrd. USD einem realisierten Gesamtumsatz von 31,5 Mrd. USD.

Je bekannter und größer die Marke Airbnb wird, desto verstärkt wird Mundpropaganda dazu führen, dass weitere Gastgeber und Gäste die Plattform empfehlen. Daher wird davon ausgegangen, dass die Vertriebs- und Marketingkosten unterproportional zum Umsatz ansteigen und somit sich die EBIT-Marge deutlich verbessert. Nachfolgend wird angenommen, dass die EBIT-Marge nach den ersten 2 Jahren in der Detailplanungsphase 0% erreichen wird. Anschließend wird sich die EBIT-Marge an dem bestehenden Vergleichsunternehmen Booking Holdings Inc. orientieren. Das Unternehmen erzielte in den Jahren 2017–2019 eine durchschnittliche EBIT-Marge von 36,52%.[149] Es wird angenommen, dass sich die EBIT-Marge von Airbnb Inc. bis zum Ende der 10-jährigen Detailplanungsphase gleichmäßig an 36,52% annähern wird.

Das Geschäftsmodell von Reise- und Erlebnisvermittlungen im Peer-to-Peer Bereich erfordert keinen hohen physischen Anlagebedarf im Sinne von Grundstücken und technischer Anlagen. Der Großteil der Investitionsausgaben wird daher in den Bereich der technischen Infrastruktur und Unternehmensübernahmen fließen. Airbnb Inc. hat die technologische Infrastruktur bereits im Jahr 2018 und 2019 signifikant ausgebaut, um sich auf das Nutzerwachstum vorzubereiten.[150] Es wird daher von einer Sales-to-Capital-Ratio im ersten Jahr der Detailplanungsphase von 3 ausgegangen. Die STC wird sich gleichmäßig bis zum Ende der Detailplanungsphase dem Wert von 1,5 annähern.

4.3.3 Szenariobildung

Im Folgenden werden im Rahmen der Szenariotechnik drei verschiedene Szenarien gebildet und ausschließlich der Einfluss auf den Umsatz und die Kapitalstruktur von Airbnb Inc. geschätzt. Da die Entwicklung der COVID-19 Pandemie und die damit verbundenen Maßnahmen der Regierungen den Umsatz und die Kapitalstruktur von Airbnb bereits im Jahr 2020 maßgeblich beeinflusst haben, wird die Dauer der Quarantänemaßnahmen und weltweiten Reisebeschränkungen als einziger Schlüsselfaktor ausgewählt.

---

[149] Vgl. Onvista: Booking Holdings Inc. Aktie | Kennzahlen | Fundamental | A2JEXP | US09857L1089, in: Onvista, [online] https://www.onvista.de/aktien/fundamental/BOOKING-HOLDINGS-INC-Aktie-US09857L1089 [20.02.2021]; Zur Berechnung der durchschnittlichen EBIT-Marge von Booking Holdings Inc. wurde das arithmetische Mittel der EBIT-Margen der Jahre 2017–2019 wie folgt gebildet: $\frac{35,44\%+33,84\%+40,30\%}{3} = 36,52\%$

[150] Vgl. Bundesministerium für Wirtschaft und Energie (BMWi): Die Europäischen Struktur- und Investitionsfonds in Deutschland, in: BMWi, Juli 2018, https://www.bmwi.de/Redaktion/DE/Publikationen/Studien/sharing-economy-im-wirtschaftsraum-deutschland.pdf?__blob=publicationFile&v=3 [11.02.2021]; Vgl. Airbnb Inc., S-1/A, 2020, S. 142

Deutsche Bank Research hat im Rahmen einer Expertenumfrage die größten Risiken für die Finanzmärkte in 2021 ermittelt. Aus der Umfrage geht hervor, dass das Risiko einer COVID-19 Virusmutation und der damit verbundenen Wirkungslosigkeit der entwickelten Impfstoffe als wahrscheinlich eingeschätzt wird. Außerdem wird die Gefahr von schwerwiegenden Impfstoff Nebenwirkungen als realistisch eingestuft.[151]

Beide erwähnten Risiken können die Dauer der Regierungsmaßnahmen stark beeinflussen. Christian Drosten, der Virologe, welcher am häufigsten in deutschen Presseartikeln erwähnt wird, gibt keine eindeutige Prognose zur Dauer der Regierungsmaßnahmen.[152] Daher wird im Hinblick auf die genannten Risiken angenommen, dass der Schlüsselfaktor die folgenden drei Ausprägungen annehmen kann.

- Ausprägung 1: 0 Jahre
- Ausprägung 2: 2 Jahre
- Ausprägung 3: 4 Jahre

Den Ausprägungen werden keine Wahrscheinlichkeiten zugeordnet, da eine statistische und damit objektive Einschätzung nicht möglich ist. Auf Basis der drei Ausprägungen werden drei Szenarien gebildet, da keine weiteren Schlüsselfaktoren ausgewählt wurden. Szenario 1 entspricht einer Dauer der Maßnahmen und Beschränkungen von 0 Jahren. Szenario 2 entspricht der Dauer von 2 Jahren und das Szenario 3 der Dauer von 4 Jahren. Somit ergibt sich folgender Zusammenhang:

- Szenario 1 = Ausprägung 1
- Szenario 2 = Ausprägung 2
- Szenario 3 = Ausprägung 3

Die Abbildung 23, Abbildung 24 und Abbildung 25 zeigen die Auswirkungen der Szenarien in der 10-jährigen Detailplanungsphase auf den Umsatz, den Anteil von Fremdkapital am gesamten Kapital zu Marktwerten und dem daraus abgeleiteten gewogenen durchschnittlichen Kapitalkostensatz. Der Einfluss der Kapitalstruktur auf den Betafaktor und damit auf die Eigenkapitalkosten wird explizit dargestellt. Das Jahr 0 entspricht nachfolgend dem Jahr 2020.

Aufgrund der einfachen Nachahmung des Geschäftsmodells und dem Eintritt neuer Wettbewerber, wird davon ausgegangen, dass im Laufe jeden Jahres mit anhaltenden Regie-

---

[151] Vgl. Ro, Sam: Here's a long list of risks, and what's missing is unsettling: Morning Brief, in: Yahoo Finance, 04.12.2020, [online] https://finance.yahoo.com/news/stock-market-list-of-risks-unkown-terrifying-morning-brief-110004760.html [20.02.2021]

[152] Vgl. Teleschau: Christian Drosten: "Man kann diese Pandemie nicht für beendet erklären", in: Yahoo Nachrichten, 27.01.2021, [online] https://de.nachrichten.yahoo.com/christian-drosten-man-diese-pandemie-071218195.html [20.02.2021]; Vgl. Dambeck, Holger/Tack, Achim: Drosten ist die Nummer eins - aber nicht überall, in: Spiegel, 20.05.2020, [online] https://www.spiegel.de/gesundheit/coronavirus-christian-drosten-ist-nummer-eins-bei-medienpraesenz-von-virologen-a-e3d97148-06db-4b9d-bb5d-511543f7cf43 [20.02.2021]

rungsmaßnahmen, der Ziel-Marktanteil um 2 Prozentpunkte fällt. Weiter wird angenommen, dass Airbnb Inc. gleichmäßig innerhalb von fünf Jahren, nach der Auflösung der Reisebeschränkungen und Quarantänemaßnahmen, den jeweiligen Ziel-Marktanteil erreicht. Folgende Abbildung 22 beschreibt den erreichbaren Umsatz je Szenario. Der Umsatz je Buchung in Prozent entspricht 14%.[153]

Ziel-Marktanteile				
Szenario	Ziel-Marktanteil	GBW (in Tsd.)	$\dfrac{R}{GBW}$	Umsatz R (in Tsd.)
1	15%	$225.000.000	14%	$31.500.000
2	13%	$195.000.000	14%	$27.300.000
3	11%	$165.000.000	14%	$23.100.000

Abbildung 22: Ziel-Marktanteile in den Szenarien

Sobald der Ziel-Marktanteil erreicht ist, wächst der Umsatz in der Detailplanungsphase mit 4%. Dies entspricht der Summe aus der BIP-Wachstumsrate und der Inflationsrate in den USA im Jahr 2019.[154] In der Zeit mit andauernden Reisebeschränkungen und Quarantänemaßnahmen, wird ein Umsatzwachstum von 2% angenommen.

Zugleich wird festgelegt, dass durch Darlehensaufnahme und Anleiheemissionen der Anteil des Fremdkapitals am Gesamtkapital zu Marktwerten in jedem Jahr mit andauernden Regierungsmaßnahmen um 15 Prozentpunkte zunimmt. Sobald die Regierungsmaßnahmen eingestellt werden, nähert sich der Anteil des Fremdkapitals am gesamten Kapital $\dfrac{FK_{MW}}{EK_{MW}+FK_{MW}}$ dem derzeitigen Wert von 1,5% gleichmäßig an.[155]

Da somit $\dfrac{FK_{MW}}{EK_{MW}+FK_{MW}}$ vorgegeben ist, lässt sich der Verschuldungsgrad $\dfrac{FK_{MW}}{EK_{MW}}$ ableiten, welcher für die Bestimmung des Betafaktors nach Formel (13) benötigt wird.[156]

---

[153] Vgl. Unterabschnitt 4.3.2

[154] Vgl. Wirtschaftskammer Österreich: Länderprofil USA, in: WKO, Februar 2021, [online] https://wko.at/statistik/laenderprofile/lp-usa.pdf [20.02.2021]

[155] Vgl. Unterabschnitt 4.2.2

[156] $\dfrac{FK_{MW}}{EK_{MW}} = \dfrac{FK_{MW}}{EK_{MW}+FK_{MW}} \times (1 - \dfrac{FK_{MW}}{EK_{MW}+FK_{MW}})^{-1}$

Szenario 1										
Jahr t	Umsatz Rt (in Tsd.)	ΔUmsatz	$\dfrac{FK_{MW}}{EK_{MW} + FK_{MW}}$	$\dfrac{FK_{MW}}{EK_{MW}}$	β	r_{EK}	r_{FK}	$r_{FK} \times (1 - \tau)$	$WACC_t$	$KWACC_t$
0	\$ 3.358.580	-		1,5%						
1	\$ 8.986.864	167,6%	1,5%	1,5%	1,11	9,1%	11,0%	8,0%	9,1%	9,1%
2	\$ 14.615.148	62,6%	1,5%	1,5%	1,11	9,1%	11,0%	8,0%	9,1%	19,0%
3	\$ 20.243.432	38,5%	1,5%	1,5%	1,11	9,1%	11,0%	8,0%	9,1%	29,8%
4	\$ 25.871.716	27,8%	1,5%	1,5%	1,11	9,1%	11,0%	8,0%	9,1%	41,5%
5	\$ 31.500.000	21,8%	1,5%	1,5%	1,11	9,1%	11,0%	8,0%	9,1%	54,4%
6	\$ 32.760.000	4,0%	1,5%	1,5%	1,11	9,1%	11,0%	8,0%	9,1%	68,4%
7	\$ 34.070.400	4,0%	1,5%	1,5%	1,11	9,1%	11,0%	8,0%	9,1%	83,6%
8	\$ 35.433.216	4,0%	1,5%	1,5%	1,11	9,1%	11,0%	8,0%	9,1%	100,3%
9	\$ 36.850.545	4,0%	1,5%	1,5%	1,11	9,1%	11,0%	8,0%	9,1%	118,4%
10	\$ 38.324.566	4,0%	1,5%	1,5%	1,11	9,1%	11,0%	8,0%	9,1%	138,3%

Abbildung 23: Szenario 1 - Auswirkungen auf Umsatz und WACC

				Szenario 2						
Jahr t	Umsatz Rt (in Tsd.)	ΔUmsatz	$\frac{FK_{MW}}{EK_{MW} + FK_{MW}}$	$\frac{FK_{MW}}{EK_{MW}}$	β	r_{EK}	r_{FK}	$r_{FK} \times (1 - \tau)$	$WACC_t$	$KWACC_t$
0	$3.358.580	-	1,5%	1,5%						
1	$3.425.752	2,0%	16,5%	19,8%	1,26	10,1%	11,0%	8,0%	9,8%	9,8%
2	$3.494.267	2,0%	31,5%	46,0%	1,47	11,6%	11,0%	8,0%	10,5%	21,3%
3	$8.255.413	136,3%	27,8%	38,4%	1,41	11,2%	11,0%	8,0%	10,3%	33,7%
4	$13.016.560	57,7%	24,0%	31,6%	1,35	10,8%	11,0%	8,0%	10,1%	47,3%
5	$17.777.707	36,6%	20,3%	25,4%	1,30	10,4%	11,0%	8,0%	9,9%	61,9%
6	$22.538.853	26,8%	16,5%	19,8%	1,26	10,1%	11,0%	8,0%	9,8%	77,7%
7	$27.300.000	21,1%	12,8%	14,6%	1,22	9,8%	11,0%	8,0%	9,6%	94,8%
8	$28.392.000	4,0%	9,0%	9,9%	1,18	9,6%	11,0%	8,0%	9,4%	113,1%
9	$29.527.680	4,0%	5,3%	5,5%	1,14	9,3%	11,0%	8,0%	9,2%	132,8%
10	$30.708.787	4,0%	1,5%	1,5%	1,11	9,1%	11,0%	8,0%	9,1%	153,9%

Abbildung 24: Szenario 2 - Auswirkungen auf Umsatz und WACC

					Szenario 3						
Jahr t	Umsatz Rt (in Tsd.)	ΔUmsatz	$\frac{FK_{MW}}{EK_{MW}+FK_{MW}}$	$\frac{FK_{MW}}{EK_{MW}}$	β	r_{EK}	r_{FK}	$r_{FK} \times (1-\tau)$	$WACC_t$	$KWACC_t$
0	$3.358.580	-	1,5%	1,5%						
1	$3.425.752	2,0%	16,5%	19,8%	1,26	10,1%	11,0%	8,0%	9,8%	9,8%
2	$3.494.267	2,0%	31,5%	46,0%	1,47	11,6%	11,0%	8,0%	10,5%	21,3%
3	$3.564.152	2,0%	46,5%	86,9%	1,80	13,9%	11,0%	8,0%	11,2%	34,8%
4	$3.635.435	2,0%	61,5%	159,7%	2,38	18,0%	11,0%	8,0%	11,9%	50,8%
5	$7.528.348	107,1%	51,5%	106,2%	1,95	15,0%	11,0%	8,0%	11,4%	68,0%
6	$11.421.261	51,7%	41,5%	70,9%	1,67	13,0%	11,0%	8,0%	10,9%	86,3%
7	$15.314.174	34,1%	31,5%	46,0%	1,47	11,6%	11,0%	8,0%	10,5%	105,8%
8	$19.207.087	25,4%	21,5%	27,4%	1,32	10,5%	11,0%	8,0%	10,0%	126,4%
9	$23.100.000	20,3%	11,5%	13,0%	1,20	9,7%	11,0%	8,0%	9,5%	148,0%
10	$24.024.000	4,0%	1,5%	1,5%	1,11	9,1%	11,0%	8,0%	9,1%	170,5%

Abbildung 25: Szenario 3 - Auswirkungen auf Umsatz und WACC

4.4   Unternehmenswertbestimmung

4.4.1   Barwert der Free Cashflows in der Detailplanungsphase

Nachfolgend werden auf Grundlage der Unterabschnitte 4.3.2 und 4.3.3 die Free Cashflows für die Detailplanungsphase geschätzt. Die Free Cashflows FCF_t werden nach Formel (4) berechnet. Die Annahmen aus Unterabschnitt 4.3.2 zur EBIT-Marge M_t und Sales-to-Capital-Ratio STC_t werden somit mit den Szenarien kombiniert. Die Berechnung
der Reinvestitionsausgaben I_t erfolgt nach Formel (6). Weiterhin wird ein konstanter
Grenzsteuersatz τ von 27% angenommen, wobei in den Perioden mit negativem Betriebsergebnis der Grenzsteuersatz τ 0% beträgt. Jegliche bestehende und in der Detailplanungsphase gewonnenen Steuerverlustvorträge werden aus Vereinfachungsgründen nicht
betrachtet.

Szenario 1 - Barwert der Free Cashflows in der Detailplanungsphase (Dollarwerte in Tsd.)

Jahr t	R_t	M_t	$EBIT_t$	$EBIT \times (1-\tau)$	STC_t	I_t	FCF_t	$KWACC_t$	Barwert FCF_t
0	$ 3.358.580	-19,5%	$ -653.289	$ -653.289					
1	$ 8.986.864	-9,7%	$ -873.973	$ -873.973	3	$ 1.876.095	$-2.750.067	9,1%	$ -2.521.384
2	$ 14.615.148	0,0%	$ -	$ -	2,83	$ 1.986.453	$-1.986.453	19,0%	$ -1.669.820
3	$ 20.243.432	4,6%	$ 924.113	$ 674.602	2,67	$ 2.110.607	$-1.436.004	29,8%	$ -1.106.732
4	$ 25.871.716	9,1%	$ 2.362.088	$ 1.724.324	2,50	$ 2.251.314	$ -526.990	41,5%	$ -372.378
5	$ 31.500.000	13,7%	$ 4.313.925	$ 3.149.165	2,33	$ 2.412.122	$ 737.044	54,4%	$ 477.498
6	$ 32.760.000	18,3%	$ 5.981.976	$ 4.366.842	2,17	$ 581.538	$ 3.785.304	68,4%	$ 2.248.405
7	$ 34.070.400	22,8%	$ 7.776.569	$ 5.676.895	2,00	$ 655.200	$ 5.021.695	83,6%	$ 2.734.763
8	$ 35.433.216	27,4%	$ 9.705.158	$ 7.084.765	1,83	$ 743.354	$ 6.341.411	100,3%	$ 3.166.291
9	$ 36.850.545	32,0%	$ 11.775.592	$ 8.596.182	1,67	$ 850.397	$ 7.745.785	118,4%	$ 3.545.896
10	$ 38.324.566	36,5%	$ 13.996.132	$ 10.217.176	1,5	$ 982.681	$ 9.234.495	138,3%	$ 3.875.872

Barwert der Free Cashflows
i. d. Detailplanungsphase $ 10.378.411

Abbildung 26: Szenario 1 - Barwert der FCF in der Detailplanungsphase

Szenario 2 - Barwert der Free Cashflows in der Detailplanungsphase (Dollarwerte in Tsd.)									
Jahr t	R_t	M_t	$EBIT_t$	$EBIT \times (1-\tau)$	STC_t	I_t	FCF_t	$KWACC_t$	Barwert FCF_t
0	$ 3.358.580	-19,5%	$ -653.289	$ -653.289					
1	$ 3.425.752	-9,7%	$ -333.154	$ -333.154	3	$ 22.391	$ -355.545	9,8%	$ -323.907
2	$ 3.494.267	0,0%	$ -	$ -	2,83	$ 24.182	$ -24.182	21,3%	$ -19.943
3	$ 8.255.413	4,6%	$ 376.860	$ 275.108	2,67	$ 1.785.430	$ -1.510.322	33,7%	$ -1.129.360
4	$ 13.016.560	9,1%	$ 1.188.412	$ 867.541	2,50	$ 1.904.459	$ -1.036.918	47,3%	$ -704.135
5	$ 17.777.707	13,7%	$ 2.434.657	$ 1.777.300	2,33	$ 2.040.491	$ -263.192	61,9%	$ -162.563
6	$ 22.538.853	18,3%	$ 4.115.595	$ 3.004.384	2,17	$ 2.197.452	$ 806.932	77,7%	$ 454.059
7	$ 27.300.000	22,8%	$ 6.231.225	$ 4.548.794	2,00	$ 2.380.573	$ 2.168.221	94,8%	$ 1.113.258
8	$ 28.392.000	27,4%	$ 7.776.569	$ 5.676.895	1,83	$ 595.636	$ 5.081.259	113,1%	$ 2.384.364
9	$ 29.527.680	32,0%	$ 9.435.570	$ 6.887.966	1,67	$ 681.408	$ 6.206.558	132,8%	$ 2.665.961
10	$ 30.708.787	36,5%	$ 11.214.849	$ 8.186.840	1,5	$ 787.405	$ 7.399.435	153,9%	$ 2.914.051

Barwert der Free Cashflows
i. d. Detailplanungsphase $ 7.191.783

Abbildung 27: Szenario 2 - Barwert der FCF in der Detailplanungsphase

	Szenario 3 - Barwert der Free Cashflows in der Detailplanungsphase (Dollarwerte in Tsd.)								
Jahr t	R_t	M_t	$EBIT_t$	$EBIT \times (1-\tau)$	STC_t	I_t	FCF_t	$KWACC_t$	Barwert FCF_t
0	$3.358.580	-19,5%	$-653.289	$-653.289					
1	$3.425.752	-9,7%	$-333.154	$-333.154	3	$22.391	$-355.545	9,8%	$-323.907
2	$3.494.267	0,0%	$-	$-	2,83	$24.182	$-24.182	21,3%	$-19.943
3	$3.564.152	4,6%	$162.704	$118.774	2,67	$26.207	$92.567	34,8%	$68.675
4	$3.635.435	9,1%	$331.915	$242.298	2,50	$28.513	$213.785	50,8%	$141.789
5	$7.528.348	13,7%	$1.031.007	$752.635	2,33	$1.668.391	$-915.756	68,0%	$-545.229
6	$11.421.261	18,3%	$2.085.522	$1.522.431	2,17	$1.796.729	$-274.298	86,3%	$-147.222
7	$15.314.174	22,8%	$3.495.460	$2.551.686	2,00	$1.946.456	$605.229	105,8%	$294.066
8	$19.207.087	27,4%	$5.260.821	$3.840.399	1,83	$2.123.407	$1.716.992	126,4%	$758.404
9	$23.100.000	32,0%	$7.381.605	$5.388.572	1,67	$2.335.748	$3.052.824	148,0%	$1.231.067
10	$24.024.000	36,5%	$8.773.565	$6.404.702	1,5	$616.000	$5.788.702	170,5%	$2.140.212

Barwert der Free Cashflows i. d. Detailplanungsphase $ 3.597.912

Abbildung 28: Szenario 3 - Barwert der FCF in der Detailplanungsphase

4.4.2 Barwert des Restwerts

Um den Marktwert des Gesamtkapitals GK_{MW} gemäß Formel (2) zu ermitteln, muss noch der Barwert des Restwerts berechnet werden. Im ersten Schritt werden die Einflussfaktoren auf den Restwert bestimmt. Dieser setzt sich nach Formel (17) aus dem gewogenen durchschnittlichen Kapitalkostensatz in der Reifephase $WACC_{RW}$, der konstanten Wachstumsrate der Free Cashflows in der Reifephase G_{RW} und dem Free Cashflow in Jahr 11 zusammen.

In der Reifephase wird eine langfristige Wachstumsrate des Umsatzes von 3% unterstellt, da davon ausgegangen wird, dass das Unternehmen mit der realen BIP-Wachstumsrate wächst, aber die inflationsbedingten Preiserhöhungen nicht vollständig auf die Gäste und Gastgeber umwälzen kann. In der Reifephase wird außerdem eine konstante EBIT-Marge, Investitionsrate sowie ein konstanter Steuersatz unterstellt. Damit sind die Wachstumsrate des Free Cashflows in der Reifephase und die langfristige Wachstumsrate des Umsatzes kongruent.[157] In der Reifephase wird für alle Szenarien ein $WACC_{RW}$ von 8% angenommen, da davon ausgegangen wird, dass sich das Risikoprofil von Airbnb Inc. in den nächsten 10 Jahren deutlich verbessert und die Kapitalgeber daher geringere Renditeansprüche haben. In Abbildung 29 wird die Barwertberechnung der Restwerte für die drei Szenarien verdeutlicht.

---

[157] Vgl. Unterabschnitt 2.3.4

				Restwertberechnung (Dollarwerte in Tsd.)			
Szenario	FCF_{10}	FCF_{11}	G_{RW}	$WACC_{RW}$	RW_{FCF}	$KWACC_{10}$	Barwert RW_{FCF}
1	$9.234.495	$9.511.530	3,00%	8,00%	$190.230.595	138,26%	$ 79.842.953
2	$7.399.435	$7.621.418	3,00%	8,00%	$152.428.362	153,92%	$ 60.029.442
3	$5.788.702	$5.962.363	3,00%	8,00%	$119.247.267	170,47%	$ 44.088.368

Abbildung 29: Bartwertberechnung des Restwerts

4.4.3 Shareholder Value und Wert pro Aktie

Der Marktwert des Gesamtkapitals entspricht, gemäß Formel (2), der Summe aus dem Barwert der Free Cashflows aus der Detailplanungsphase und dem Barwert des Restwerts. Da keine Minderheitsbeteiligungen, Pensionsrückstellungen oder potenzielle quantifizierbare Verbindlichkeiten bestehen, muss der Gesamtwert nur um das Fremdkapital zum Marktwert, die nicht operativen Vermögenswerte und Mitarbeiteroptionen bereinigt werden, um den Shareholder Value zu ermitteln.[158]

Der Marktwert des Fremdkapitals FK_{MW} wurde bereits in Unterabschnitt 4.2.2 ermittelt und beträgt 1.888.411.945 USD. Es wird angenommen, dass die nicht operativen Vermögenswerte NOV_{MW} nur aus 98% des Kassenbestands bestehen. Dies entspricht ca. 4.405.306.780 USD.[159]

Die Berücksichtigung der Mitarbeiteroptionen erfolgt, indem die Anzahl der ausstehenden Aktien angepasst wird. Im S1-Formular wird beschrieben, dass die Optionen insgesamt 92.935.240 Aktien entsprechen. Um den Wert pro Aktie zu bestimmen, muss der Shareholder Value SV des jeweiligen Szenarios daher nicht durch die Anzahl an ausstehenden Aktien von 601.399.007, sondern durch 694.334.247 geteilt werden.[160]

Die Ergebnisse der Unternehmensbewertung, also der Gesamtkapitalmarktwert GK_{MW}, der Shareholder Value SV und der Wert pro Aktie sind in Abbildung 30: Gesamtkapitalmarktwert, Shareholder Value und Wert pro Aktie dargestellt.

---

[158] Vgl. Unterabschnitt 2.3.5

[159] Vgl. Unterabschnitt 2.3.5 und 4.2.2

[160] Vgl. Unterabschnitt 2.3.5: Vgl. Airbnb Inc., S-1/A, 2020, S. 96; Die Anzahl der Aktien ergibt sich wie folgt: 92.935.240 = 30.866.237 + 13.788.876 + 48.280.127

		Gesamtkapitalmarktwert, Shareholder Value und Wert pro Aktie						
Szenario	Barwert der FCF in der Detailplanungsphase	Barwert RW_{FCF}	GK_{MW}	FK_{MW}	NOV_{MW}	SV	Anzahl Aktien	Wert pro Aktie
1	$10.378.410.646	$79.842.953.364	$90.221.364.010	$1.888.411.945	$4.405.306.780	$92.738.258.845	694.334.247	$ 134
2	$ 7.191.783.074	$60.029.442.251	$67.221.225.324	$1.888.411.945	$4.405.306.780	$69.738.120.159	694.334.247	$ 100
3	$ 3.597.911.583	$44.088.368.231	$47.686.279.814	$1.888.411.945	$4.405.306.780	$50.203.174.649	694.334.247	$ 72

Abbildung 30: Gesamtkapitalmarktwert, Shareholder Value und Wert pro Aktie

4.5   Zusammenfassung und Fazit

Im Folgenden wird auf drei Auffälligkeiten eingegangen, welche in Abschnitt 4.4 verdeutlicht wurden. Das Verhältnis zwischen dem Restwert und den Free Cashflows aus der Detailplanungsphase ist auffällig. Abbildung 31 stellt dieses Verhältnis dar. In allen Szenarien nimmt der Barwert des Restwerts einen Anteil von über 88% am Gesamtkapitalwert ein. Copeland/Koller/Murrin zeigen, dass diese Verhältnisse nicht ungewöhnlich sind.[161] Dies verdeutlicht, dass neben der ausführlichen Planung der Detailplanungsphase, den Annahmen für die Reifephase ebenso ein hoher Stellenwert zugeordnet werden muss.

Anteil Restwert am GK_{MW}			
Szenario	Barwert der FCF (Detailplanungsphase)	Barwert RW_{FCF}	GK_{MW}	Anteil RW_{FCF} an GK_{MW}
1	$10.378.410.646	$79.842.953.364	$90.221.364.010	88%
2	$7.191.783.074	$60.029.442.251	$67.221.225.324	89%
3	$3.597.911.583	$44.088.368.231	$47.686.279.814	92%

Abbildung 31: Anteil Restwert am Gesamtkapitalwert

Obwohl Szenario 1 ein starkes Umsatzwachstum und keine Verschuldung in der Detailplanungsphase unterstellt, ergibt sich daraus ein Wert pro Aktie, welcher stark vom derzeitigen Marktpreis in Höhe von 212,50 USD abweicht. Dies verdeutlicht, dass neben dem Umsatz und Verschuldungsgrad auch die Vielzahl an anderen Annahmen den Unternehmenswert maßgeblich beeinflussen können. Die Differenz zwischen dem Emissionspreis von 68 USD im Dezember 2020 und derzeitigem Marktpreis pro Aktie in Höhe von 212,50 USD verdeutlicht dies ebenso. Es wird daher davon ausgegangen, dass der Kapitalmarkt derzeitig Annahmen impliziert, welche sich positiver auf das Unternehmen auswirken als die Annahmen, welche im Rahmen der vorliegenden Arbeit und im Rahmen des Börsengangs getroffen wurden.[162]

Im Rahmen des Szenario 3 wurde ein Fremdkapitalanteil von bis zu 61,5% unterstellt.[163] Dies resultierte in einem Betafaktor in Höhe von 2,38 und damit in Eigenkapitalkosten in Höhe von 18,0% in Jahr 4. Obwohl durch die erhöhte Verschuldung, die Gewichtung des Eigenkapitals im WACC abnahm, resultierte der höhere Verschuldungsgrad in einem Anstieg des Diskontierungsfaktors. Ohne die Berücksichtigung des Verschuldungsgrad im

---

[161] Vgl. Copeland et al., 2002, S. 325-330
[162] Vgl. Damodaran, 2018, S. 2; Preis pro Aktie entspricht dem Börsenkurs am 14.02.2021
[163] Vgl. Unterabschnitt 4.3.3

Betafaktor, hätte die Erhöhung des Verschuldungsgrad eine Verringerung des WACC bewirkt. Dies begründet sich darin, dass nach Berücksichtigung der steuerlichen Abzugsfähigkeit der Fremdkapitalzinsen, ein Fremdkapitalkostensatz in Höhe von 8,0% angesetzt wird.[164] Dieser Fremdkapitalkostensatz ist selbst in Szenario 1, bei unverändertem Verschuldungsgrad, geringer als der Eigenkapitalkostensatz.

Insbesondere Unternehmen, welche geringe Fremdkapitalkosten r_{FK} haben, können mit einem erhöhten Verschuldungsgrad zu Marktwerten ihren Diskontierungsfaktor senken und somit ihren Unternehmenswert nach dem FCF-Verfahren steigern. In Abbildung 32 wird dieser Zusammenhang verdeutlicht, indem ein Vergleichsunternehmen aus der gleichen Branche mit gleichem Grenzsteuersatz bei einer Erhöhung der Verschuldungsquote von einem geringeren Diskontierungsfaktor profitiert. Bei einer Erhöhung des Verschuldungsgrades um 60 Prozentpunkte, resultiert dies in einer Verringerung des WACC um 0,3 Prozentpunkte. Damit wird gezeigt, dass eine Erhöhung des Verschuldungsgrad nicht pauschal eine Erhöhung des Diskontierungsfaktors und somit eine Verringerung des Unternehmenswert bewirken muss.

Unternehmen	r_{FK}	$R_{FK} \times (1-\tau)$	$\dfrac{FK_{MW}}{EK_{MW}+FK_{MW}}$	$\dfrac{FK_{MW}}{EK_{MW}}$	β	r_{EK}	WACC
Periode 1							
Airbnb Inc.	11,0%	8,0%	1,5%	1,52%	1,11	9,1%	9,1%
Vergleichs- unternehmen	4,0%	2,9%	1,5%	1,52%	1,11	9,1%	9,0%
Periode 2							
Airbnb Inc.	11,0%	8,0%	61,5%	159,74%	2,38	18,0%	11,9%
Vergleichs- unternehmen	4,0%	2,9%	61,5%	159,74%	2,38	18,0%	8,7%

Abbildung 32: Auswirkungen der Fremdkapitalkosten

Dieser Zusammenhang wird insbesondere durch die aktuell geringen Leitzinsen der US-Notenbank und damit geringen risikofreien Zinssätze beeinflusst.[165] Inwiefern Leitzinsänderungen die Fremdkapital- und Eigenkapitalkosten und damit das Verschuldungsverhalten eines Unternehmens beeinflussen, könnte im Rahmen einer weiteren Arbeit detailliert betrachtet werden.

---

[164] Vgl. Abbildung 25
[165] Vgl. Bundesministerium für Wirtschaft und Energie (BMWi): Monetäre Entwicklung, in: BMWi, 29.01.2021, [online] https://www.bmwi.de/Redaktion/DE/Schlaglichter-der-Wirtschaftspolitik/2021/02/kapitel-2-3-monetaere-entwicklung.html [20.02.2021]

Auch wenn in der Literatur Einigkeit herrscht, dass die DCF-Verfahren die korrekten Verfahren zur Unternehmenswertermittlung darstellen, ist, aufgrund der Abhängigkeit von einer Vielzahl an Variablen, immer eine unternehmensindividuelle Analyse erforderlich.[166] Neben der Betrachtung von nur einem Szenario, ermöglicht die Szenariotechnik auch die Betrachtung von weiteren denkbaren Zukunftsbildern. Die Szenariotechnik bewirkt somit eine transparente Darstellung der zugrundeliegenden Unsicherheit.

Schlussendlich sind alle getroffenen Annahmen im Rahmen der Unternehmensbewertung anfechtbar. Der Begründung der zugrundeliegenden Annahmen muss eine hohe Bedeutung beigemessen werden, um den Unternehmenswert nachvollziehbar zu erklären. Eine ausführliche Analyse ist daher unabdingbar. Folgendes Zitat fasst die Bedeutung der Annahmen und der zugrundeliegenden Analyse zusammen.

> *"Valuation is 95 % research and analysis. The actual calculations take about 30 seconds on a calculator. It is rigorous. There is no substitute for analysing your target, analysing its place in its industry and analysing that industry's place in the economy."*[167]

---

[166] Vgl. Hasler, 2013, S. 50
[167] Vgl. Born, 2003, S. 47

5 Literaturverzeichnis

Airbnb Inc.: How Airbnb and Travelers are Redefining Travel in 2021, in: Airbnb
News, 15. 10. 2020, [online] https://news.airbnb.com/2021-travel-trends/
[18.02.2021]

Airbnb Inc.: Living and Working Anywhere Across Asia Pacific, in: Airbnb News, 03.
11.2020, [online] https://news.airbnb.com/living-and-working-anywhere-across-
asia-pacific/ [18.02.2021]

Airbnb Inc.: S-1/A, in SEC, 07.12.2020, [online]
https://sec.report/Document/0001193125-20-311265/#toc81668_10
[09.02.2021]

Airbnb Inc.: Entdeckungen auf Airbnb, in Airbnb, [online]
https://www.airbnb.de/s/experiences [09.02.2021]

Baetge, Jörg et al.: Darstellung der Discounted Cashflow-Verfahren (DCF-Verfahren)
mit Beispiel, in Volker Peemöller (Hg.), Praxishandbuch der
Unternehmensbewertung. Grundlagen und Methoden, Bewertungsverfahren,
Besonderheiten bei der Bewertung, 6. Auflage, Herne, 2015, S. 353-504

Becker, Andreas/Fischer, Patrick: Die Unternehmensbewertung von KMU – kritische
Bemerkungen zur Anwendbarkeit des IDW S 1, in: Nils Crasselt et al. (Hrsg.),
Handbuch kapitalmarktorientierte Unternehmensbewertung: Grundlagen,
Methoden, Regulierung und Branchentrends, Stuttgart, 2018, S. 203-224

Bloomberg L.P.: United States Rates & Bonds, in Bloomberg, [online]
https://www.bloomberg.com/markets/rates-bonds/government-bonds/us
[20.02.2021]

Born, Karl: Unternehmensanalyse und Unternehmensbewertung, 2. Auflage, Stuttgart,
2003

Bundesministerium für Wirtschaft und Energie (BMWi): Die Europäischen Struktur-
und Investitionsfonds in Deutschland, in: BMWi, Juli 2018,
https://www.bmwi.de/Redaktion/DE/Publikationen/Studien/sharing-economy-
im-wirtschaftsraum-deutschland.pdf?__blob=publicationFile&v=3 [11.02.2021]

Bundesministerium für Wirtschaft und Energie (BMWi): Monetäre Entwicklung, in:
BMWi, 29.01.2021, [online] https://www.bmwi.de/Redaktion/DE/Schlaglichter-
der-Wirtschaftspolitik/2021/02/kapitel-2-3-monetaere-entwicklung.html
[20.02.2021]

Copeland, Tom et al.: Unternehmenswert. Methoden und Strategien für eine
wertorientierte Unternehmensführung, 3. Auflage, Frankfurt/Main, 2002

Dambeck, Holger/Tack, Achim: Drosten ist die Nummer eins - aber nicht überall, in:
    Spiegel, 20.05.2020, [online] https://www.spiegel.de/gesundheit/corona-virus-
    christian-drosten-ist-nummer-eins-bei-medienpraesenz-von-virologen-a-
    e3d97148-06db-4b9d-bb5d-511543f7cf43 [20.02.2021]

Damodaran, Aswath: The Dark Side of Valuation. Valuing Young, Distressed, And
    Complex Businesses, 3. Auflage, New York, 2018

Damodaran, Aswath: Discounted Cash Flow Valuation, in: NYU Stern School of
    Business, 09.09.2020, [online]
    http://pages.stern.nyu.edu/~adamodar/pdfiles/eqnotes/dcfallOld.pdf
    [20.01.2021]

Damodaran, Aswath: Ratings, Interest Coverage Ratios and Default Spread, in: NYU
    Stern School of Business, Januar 2021, [online]
    http://people.stern.nyu.edu/adamodar/New_Home_Page/datafile/ratings.htm
    [23.01.2021]

Damodaran, Aswath: The Free Cashflow to Firm Model, in: NYU Stern School of
    Business, 09.11.2020, [online]
    http://people.stern.nyu.edu/adamodar/pdfiles/eqnotes/fcff.pdf [20.01.2021]

Damodaran, Aswath: Betas by Sector (US), in: NYU Stern School of Business, Januar
    2021, [online]
    http://pages.stern.nyu.edu/~adamodar/New_Home_Page/datafile/Betas.html
    [20.01.2021]

Damodaran, Aswath: Corporate Marginal Tax Rates - By country, in: NYU Stern
    School of Business, Januar 2021, [online]
    http://pages.stern.nyu.edu/~adamodar/New_Home_Page/datafile/countrytaxrate.
    html [13.02.2021]

Damodaran, Aswath: Estimating the market value of debt, in: NYU Stern School of
    Business, [online]
    http://pages.stern.nyu.edu/~adamodar/New_Home_Page/valquestions/mktvalofd
    ebt.htm [24.01.2021]

Dörschell, Andreas et al.: Kapitalkosten 2010 für die Unternehmensbewertung.
    Branchenanalysen für Betafaktoren, Fremdkapitalkosten und
    Verschuldungsgrade, Düsseldorf, 2010

Ewert, Ralf/Wagenhofer, Alfred: Interne Unternehmensrechnung, Berlin/Heidelberg,
    2014

Feiner, Lauren: Airbnb skyrockets 112% in public market debut, giving it a market cap
    of 86.5$ billion, in: CNBC, 10.12.2020, [online]

https://www.cnbc.com/2020/12/10/airbnb-ipo-abnb-starts-trading-on-the-nasdaq.html [08.02.2021]

Gausemeier, Jürgen et al.: Szenario-Management: Planen und Führen mit Szenarien, 2. Auflage, München, 1996

Google: Airbnb, Expedia, Booking.com, Getyourguide, MakeMyTrip – Erkunden, in: Google Trends, 16.02.2021, [online] https://trends.google.de/trends/explore?q=%2Fm%2F0svqyn7,%2Fm%2F025yp k,%2Fm%2F0yxzc1z,Getyourguide,%2Fm%2F03mcw9d [16.02.2021]

Günther, Thomas/Schiemann, Frank: Unternehmensbewertung im Rahmen der Argumentationsfunktion. Cashflow-Varianten und deren Ermittlung, in: Karl Petersen et al. (Hrsg.), Handbuch Unternehmensbewertung: Funktionen, moderne Verfahren, Branchen, Rechnungslegung, Köln, 2013, S. 266-278

Hasler, Peter Thilo: Quintessenz der Unternehmensbewertung. Was Sie als Investor und Entscheider wissen müssen, Heidelberg, 2013

Hayn, Marc: Bewertung junger Unternehmen, 2. Auflage, Herne, 2000

Heesen, Bernd: Basiswissen Unternehmensbewertung. Schneller Einstieg in die Wertermittlung, 2. Auflage, Wiesbaden, 2019

Hungenberg, Harald/Wulf, Torsten: Grundlagen der Unternehmensführung. Einführung für Bachelorstudierende, Berlin/Heidelberg, 2011

IDW: Neue Kapitalkostenempfehlungen des FAUB, in: IDW Aktuell, 25.10.2019, [online] https://www.idw.de/idw/idw-aktuell/neue-kapitalkostenempfehlungen-des-faub/120158 [18.01.2021]

Kuhner, Christoph/Maltry, Helmut: Unternehmensbewertung, Köln, 2017

Mandl, Gerwald/Rabel, Klaus: Unternehmensbewertung. Eine praxisorientierte Einführung, Wien, 1997

Matschke, Manfred Jürgen/Brösel, Gerrit: Unternehmensbewertung: Funktionen - Methoden - Grundsätze, Wiesbaden, 2013

Mokler, Michael: Ertragswert- und Discounted-Cash-flow-Verfahren im Vergleich, in: Ulrich Schacht/Matthias Fackler (Hrsg.), Praxishandbuch Unternehmensbewertung. Grundlagen, Methoden, Fallbeispiele, 2. Auflage, Wiesbaden, 2009, S. 233-254

Mondello, Enzo: Aktienbewertung. Theorie und Anwendungsbeispiele, Wiesbaden, 2015

Mugler, Jörg/Zwirner, Christian: DCF-Verfahren, in: Karl Petersen et al. (Hrsg.),
        Handbuch Unternehmensbewertung. Funktionen, Moderne Verfahren,
        Branchen, Rechnungslegung, Köln, 2013, S. 293-312

Newcomer, Eric et al.: Airbnb in Talks to Raise More Debt Amid Global Crisis, in:
        Bloomberg, 08.04.2020, [online]
        https://www.bloomberg.com/news/articles/2020-04-07/airbnb-in-talks-to-raise-
        more-debt-amid-global-crisis [14.02.2021]

Onvista: Booking Holdings Inc. Aktie | Kennzahlen | Fundamental | A2JEXP |
        US09857L1089, in: Onvista, [online]
        https://www.onvista.de/aktien/fundamental/BOOKING-HOLDINGS-INC-
        Aktie-US09857L1089 [20.02.2021]

Pankoke, Tim/Petersmeier, Kerstin: Der Zinssatz in der Unternehmensbewertung, in:
        Ulrich Schacht/Matthias Fackler (Hrsg.), Praxishandbuch
        Unternehmensbewertung. Grundlagen, Methoden, Fallbeispiele, 2. Auflage,
        Wiesbaden, 2009, S. 107-137

Ro, Sam: Here's a long list of risks, and what's missing is unsettling: Morning Brief, in:
        Yahoo Finance, 04.12.2020, [online] https://finance.yahoo.com/news/stock-
        market-list-of-risks-unkown-terrifying-morning-brief-110004760.html
        [20.02.2021]

Robert Koch Institut: Epidemiologischer Steckbrief zu SARS-CoV-2 und COVID-19,
        in: RKI, 09.02.2021, [online]
        https://www.rki.de/DE/Content/InfAZ/N/Neuartiges_Coronavirus/Steckbrief.ht
        ml;jsessionid=A17B82F5FCEC3B37D45B1051D77F0281.internet092?nn=238
        6228 [20.02.2021]

Roxburgh, Charles: The use and abuse of scenarios, in: McKinsey & Company,
        01.11.2009, [online] https://www.mckinsey.com/business-functions/strategy-
        and-corporate-finance/our-insights/the-use-and-abuse-of-scenarios#
        [05.01.2021]

Rudolf, Markus/Witt, Peter: Bewertung von Wachstumsunternehmen. Traditionelle und
        innovative Methoden im Vergleich, Wiesbaden, 2002

Runia, Peter et al.: Marketing: prozess- und praxisorientierte Grundlagen, München,
        2015

Schacht, Ulrich/Fackler, Matthias: Discounted-Cash-flow-Verfahren, in: Ulrich
        Schacht/Matthias Fackler (Hrsg.), Praxishandbuch Unternehmensbewertung.
        Grundlagen, Methoden, Fallbeispiele, 2. Auflage, Wiesbaden, 2009, S. 205-232

Seppelfricke, Peter: Handbuch Aktien- und Unternehmensbewertung. Bewertungsverfahren, Unternehmensanalyse, Erfolgsprognose, 3. Auflage, Stuttgart, 2007

Sieben, Günter: Unternehmensbewertung: Discounted Cash Flow-Verfahren und Ertragswertverfahren - Zwei völlig unterschiedliche Ansätze?, in: Josef Lanfermann (Hg.), Internationale Wirtschaftsprüfung: Festschrift zum 65. Geburtstag von Prof. Dr. Dr. h.c. Hans Havermann, Düsseldorf, 1995, S. 713-737

Smeets, Mario: Besonderheiten bei der Bewertung junger Unternehmen, Wiesbaden, 2018

Streetinsider: Analyst Ratings for Airbnb Inc. (ABNB), in: Streetinsider, [online] https://www.streetinsider.com/rating_history.php?q=ABNB [18.02.2021]

Teleschau: Christian Drosten: "Man kann diese Pandemie nicht für beendet erklären", in: Yahoo Nachrichten, 27.01.2021, [online] https://de.nachrichten.yahoo.com/christian-drosten-man-diese-pandemie-071218195.html [20.02.2021]

Weinberg, Cory: Airbnb to Cut 25% of Work Force, in: The Information, 05.05.2020, [online] https://www.theinformation.com/articles/airbnb-plans-significant-layoffs [11.02.2021]

Wiese, Jörg: Zins(satz)ermittlung mit dem CAPM, in: Karl Petersen et al. (Hrsg.), Handbuch Unternehmensbewertung: Funktionen, moderne Verfahren, Branchen, Rechnungslegung, Köln, 2013, S. 279-292

Wirtschaftskammer Österreich: Länderprofil USA, in: WKO, Februar 2021, [online] https://wko.at/statistik/laenderprofile/lp-usa.pdf [20.02.2021]